FAN SI YU JIAN GOU

反思与建构：

高职院校思想政治理论课反思性教学的理论与实践

郭君◆编著

中国出版集团

世界图书出版公司

图书在版编目（CIP）数据

反思与建构：高职院校思想政治理论课反思性教学
的理论与实践 /郭君编著. —广州：世界图书出版
广东有限公司，2012.3

ISBN 978-7-5100-4461-8

Ⅰ. ①反… Ⅱ. ①郭… Ⅲ. ①高等职业教育—思
想政治教育—教学研究—中国 Ⅳ. ①G711

中国版本图书馆 CIP 数据核字（2012）第 045555 号

反思与建构：高职院校思想政治理论课反思性教学的理论与实践

责任编辑：	钟加萍
责任技编：	刘上锦　余坤泽
出版发行：	世界图书出版广东有限公司
	（广州市新港西路大江冲 25 号　邮编：510300）
电　话：	020-84469182
http：	//www.gdst.com.cn
编辑邮箱：	gzzjp2012@126.com
经　销：	全国各地新华书店
印　刷：	广州市快美印务有限公司
印　次：	2013年1月第2版第1次印刷
规　格：	710mm×1 000mm　1/16　13.75 印张　198 千字
书　号：	ISBN 978-7-5100-4461-8/G · 1035
定　价：	41.00 元

若因印装质量问题影响阅读，请与承印厂联系退换。

目　录
CONTENTS

自　序

　　高等职业技术教育是一种很独特的高等教育类型，它培养在生产、建设、管理、服务等方面第一线工作的高素质、实用型、技能型高级人才。高校思想政治理论课承担着对大学生进行系统的马克思主义理论教育的任务，是高校思想政治教育的主渠道，党和国家历来十分重视这一课程的建设。进入新世纪，面对国际国内的新形势，提高大学生思想政治素质成为事关培养中国特色社会主义事业合格建设者和可靠接班人的一项战略任务。2005年2月，中共中央宣传部、教育部下发了《关于进一步加强和改进高等学校思想政治理论课的意见》（教社政〔2005〕05号），接着又印发了《〈中共中央宣传部、教育部关于进一步加强和改进高等学校思想政治理论课的意见〉实施方案》（教社政〔2005〕09号），明确了新形势下加强和改进高校思想政治理论课的指导思想、基本原则、总体要求和主要任务，并对课程的设置、基本内容进行了新的调整。根据中央部署，高校思想政治理论课新课程设置方案已从2006级学生开始实施。新形势下，如何贯彻《意见》和《实施方案》，如何进一步加强和改进思想政治理论课的教学，如何增强思想政治理论课的有效性，让它成为广大学生爱上的课程，并达到思想政治理论课教学的目的，是高校思想政治理论课教师及相关的管理部门当前所面临的紧迫问题。提高高等学校思想政治理论课教学质量和水平，关键在教师。因此，教师要不断促进自身的职业水平发展，努力成长为专家型教师。在教学中，实施反思性教学是一种有效的途径和方法。

美国心理学家波斯纳提出了教师成长公式：成长＝经验＋反思。我国学者林崇德教授也提出了优秀教师＝教育过程＋反思。这两个公式表明，教师的成长是在日常教育教学经验反思基础上进行的。华东师范大学熊川武教授在他的《反思性教学》一书中也主张：教师在教学过程中，要注意培植自己的反思意识，不断反思自己的教育教学理念行为，将"学会教学（learning how to teach）"与"学会学习（learning how to learn）"结合起来，不断自我调整，自我建构，从而获得持续的专业成长，使自己成为专家型教师。正如考文德希德所言："成功的有效率的教师，倾向于主动地、创造性地反思他们事业中的重要事情，包括他们的教育目的、课堂环境，以及他们自己的职业能力。""反思被广泛地看作是教师职业发展的决定性因素。"[①] 相反，如果一个教师仅仅满足于获得经验而没有对经验进行深入思考，不把经验上升到理性认识的高度，那么，即使是有 20 年的教学经验，也许只是一年工作的 20 次重复。除非善于从经验中吸取教益，否则就不能有什么改进。可想而知，如果一名教师在教学中没有反思的意识与习惯，他的专业要想获得成长，几乎是不可能的。当教师把审视的目光投向自己的教学活动轨道的时候，就意味着对"旧我"所包含的教育理念和行为的扬弃，也意味着对未来发展前景的规划，这是一种自我超越和发展。因此，教师专业发展核心在于实践，在于课堂教学，在于反思性教学。反思性教学是时代的迫切呼唤，其内在的批判性是促使教师专业水平持续提升的核心要素。而教师的专业成长和发展也推动了反思性教学的开展。

根据《中共中央国务院关于深化教育改革全面推进素质教育的决定》，高等职业技术教育主要培养能够拥护党的基本路线，适应生产、建设、管理、服务第一线需要的德智体美诸方面全面发展的高等技术应用型人才。学生应在具有必备的基础理论和专业知识的基础上，重点掌

---

① J. Calderhead and P. Gates. *Conceptualizing Reflection in Teacher Development*，The Falmer Press，1933.

握从事本专业领域某个岗位或岗位群实际工作的基本能力和基本技能，并养成良好的职业道德。大学生毕业后，在工作中承担将设计、规划、决策等转化为物质形态即产品的任务，是科教兴国中实现科学技术转化为现实生产力的不可缺少的重要力量。正因为高职教育的技能本位特点，高等职业技术的学生更要注重改革创新精神和反思意识的教育。

《中共中央宣传部、教育部关于进一步加强和改进高等学校思想政治理论课的意见》明确指出：本课程"坚持用发展着的马克思主义武装大学生，始终保持教育教学的正确方向；坚持理论联系实际、贴近实际、贴近生活、贴近学生；坚持开拓创新，不断改进教育教学的内容、形式和方法"，"要加强实践环节。要建立和完善实践教学保障机制，探索实践育人的长效机制。围绕教学目标，制定大纲，规定学时，提供必要经费。加强组织和管理，把实践教学与社会调查、志愿服务、公益活动、专业课实习等结合起来，引导大学生走出校门，到基层去，到工农群众中去。要通过形式多样的实践教学活动，提高学生思想政治素质和观察分析社会现象的能力，深化教育教学的效果"。强烈的时代性和显著的实践性，需要师生在教与学中不断地批判、反思和探究，提升师生的素质和能力，适应新课程改革的需要。

基于上述考虑，开展反思性教学对于"促进思想政治理论课教师的专业发展，成长为专家型教师"具有重要的现实意义。同时，从学生发展的角度来看，对于培养社会需要的创新型和探究型人才也具有一定的作用。2008年，笔者承担了广东省教育科学"十一五"规划课题《高职思想政治理论课反思性教学实施研究》。该课题的研究在理论上构建了高职院校思想政治理论课反思性教学实施模式，对高职院校开展教师专业发展的模式具有一定的借鉴意义，在实践上调动了高职生学习思想政治理论课的积极性，使思想政治理论课教学在课堂上产生了吸引力，在课后还余音绕梁，令人难忘，从而提高了高职生综合职业素养和实践创新能力，达到了高职院校的培养目标。笔者把研究成果进行了整理，形成了《反思与建构：高职院校思想政治理论课反思性教学的理论与实践》这本书。

　　全书共分六章。该书的编写旨在将反思性教学理论引入高职院校思想政治理论课教学中，构建高职院校思想政治理论课反思性教学理论与实践体系，提升高职院校思想政治理论课教师的专业发展和人才培养素质，推动高职院校思想政治理论课教育教学的健康发展。第一章论述了高职院校思想政治理论课教学中的突出问题和反思性教学的发展源流，以便于发现问题，看清方向；第二章详细论述了反思性教学的理论基础，为高职院校思想政治理论课反思性教学的开展提供了理论性的指导；第三章探讨了反思性教学的内涵，总结了反思性教学的特征，便于界定真正的反思性教学；第四章提出了高职院校思想政治理论课反思性教学的设计与策略；第五章尝试建构高职院校思想政治理论课反思性教学的实施流程，论述了高职院校思想政治理论课反思性教学的实施要则、评价等，并列举了高职院校思想政治理论课反思性教学课例，便于广大教师参照学习与借鉴发挥；第六章回味高职院校思想政治理论课反思性教学的实践意义和应用中需要注意的问题，并反思高职思想政治理论课反思性教学，便于在开展反思性教学时能够及时解决相关问题，提高教学效率，找准未来教学与研究的方向。

　　本书从理论、建构、实践三个层面展开，具有如下特色：其一，独创性。反思性教学是当今教育研究的重要主题，也是世界范围内极力倡导的一种教育理念。与许多教育主题的研究一样，反思性教学的研究可谓有一个悠久的过去，但也只有一个短暂的历史。在国外，对反思性教学的系统研究不超过100年；在国内，对反思性教学的系统探讨不超过20年，高职院校思想政治理论课反思性教学的探讨也不过几年。从科学系统地研究的角度看，这项研究，还没有真正地开始，从理论到教学实践应处于探索时期。该书一方面借鉴和吸收了国内外专家、学者和同行的有关理论成果；另一方面密切注意高职院校培养目标以及学生和专业特点，建构了高职院校思想政治理论课反思性教学的新体系。其二，理论性。该书理清了高职院校思想政治理论课反思性教学的缘起、理论基础、内涵、原则、策略、实施等问题，填补了高职院校思想政治理论课反思性教学研究的空白，丰富和发展了高职院校思想政治理论课教育教学理论，具有一定的理论价值和学术价值。其三，实践性。反思性教学充分体现了人本性、社会性、发展性，本书基于高职院校思想政治理论课教育教学的研究，结合高职教育培养目标，为高职院校思想政治理论课教师的专业发展和人才培养提供了新思维。

毋庸置疑，这部书是高职院校从事思想政治理论课教育教学研究人员的一部较好的工具书，也可作为高职院校思想政治理论课教师专业发展的培训教材之一。然而，由于高职院校起步较晚，高职院校思想政治理论课教学还在摸索之中，高职院校思想政治理论课反思性教学的理论研究和实践创新还刚刚开头，许多问题还有待进一步思考和总结，书中的不足之处和余下的问题还有待于诸多同仁努力探索和解决。我热切盼望大家能共同为开辟高职院校思想政治理论课教学新局面作出贡献。

书完稿后，随笔写下这些话，放在文章之首，是为序。

郭　君

2012 年 1 月 2 日

第一章　静观：高职院校思想政治理论课反思性教学的缘起

　　高校思想政治理论课承担着对大学生进行马克思主义理论教育的任务，是对大学生进行思想政治教育的主渠道和主阵地，在培养大学生成为社会主义建设者和接班人方面具有十分重要的作用。建国以后，高校教师不断探索这一课程的教学规律，研究其教学方法，总结其教育教学经验，在教书育人以及培养社会主义建设者和接班人方面作出了巨大的贡献。改革开放以来，随着社会经济的发展，高等教育发展突飞猛进，高职院校作为我国高等教育的新生力量，经过近几年的飞速发展，无论是院校数量还是在校生人数都已占据整个高等教育的半壁河山。然而，随着高职教育已转向内涵建设阶段，如何保持高职院校的发展方向不变；如何培养生产、建设、管理、服务等方面第一线工作需要的"下得去、留得住、用得上"，实践能力强，具有良好职业道德的，既会做事又会做人的高素质应用型人才；如何突出其为地方经济服务，成为人们关注的焦点。探索和研究高职院校思想政治理论课反思性教学，使高职院校思想政治理论课与高职院校的培养目标相结合，突出职业性；与高职学生的现实需求相结合，突出实践性；与时代发展的社会实际相结合，突出开放性；具有重要意义。

　　探讨高职院校思想政治理论课反思性教学，首先必须了解高职院校思想政治理论课教学面临的问题与挑战。

第一节　高职院校思想政治理论课的历史追溯

高校思想政治理论课是对大学生进行思想政治教育的主渠道和主阵地，在大学生思想政治教育中发挥着主导性作用。然而，我们对高职院校思想政治理论课的特点和功能的理解，还不十分充分，需要把对思想政治理论课的认识和理解提升到科学和学科的高度，所以，梳理其发展历史。

一、高职院校思想政治理论课的概念解释

要对高职院校思想政治理论课的历史做到准确把握，必须首先理清高职院校思想政治理论课的内涵及外延，这是有效梳理高职院校思想政治理论课历史的逻辑起点。

（一）高职院校思想政治理论课的概念内涵

1994 年 8 月 31 日，《中共中央关于进一步加强和改进学校德育工作的若干意见》明确规定："各级各类学校都要把组织学生适当参加一定的物质生产劳动作为一门必修课，列入教学计划，统筹安排，各级教育行政部门要进行具体督促检查。实验、实习课程也要进一步加强，在时间、内容、组织、条件上予以落实和保证。"

2004 年 8 月 26 日《中共中央国务院关于进一步加强和改进大学生思想政治教育的意见》中明确指出："高等学校思想政治理论课是大学生思想政治教育的主渠道。思想政治理论课是大学生的必修课，是帮助大学生树立正确世界观、人生观、价值观的重要途径，体现了社会主义大学的本质要求。"这是对思想政治理论课的性质和地位的最集中概括。

2005 年 2 月 7 日，中共中央宣传部、教育部下发了《关于进一步加强和改进高等学校思想政治理论课的意见》，《意见》指出："高等学

校思想政治理论课所有课程都要加强实践环节。要建立和完善实践教学保障机制，探索实践育人的长效机制。围绕教学目标，制定大纲，规定学时，提供必要经费。加强组织和管理，把实践教学与社会调查、志愿服务、公益活动、专业课实习等结合起来，引导大学生走出校门，到基层去，到工农群众中去。要通过形式多样的实践教学活动，提高学生思想政治素质和观察分析社会现象的能力，深化教育教学的效果。"

加强实践教学，将实践教育、劳动教育、社会实践活动纳入正规教学计划、课程，作为加强德育的重要途径，反映了思想政治理论课程发展的内在要求，也切合高职院校思想政治理论课程改革和发展实际的现实选择。从这一视角，高职院校思想政治理论教育课程体系中，既有直接的、以学科课程形式呈现的思想政治理论课，又存在着以实践或活动的形式呈现的思想政治理论实践课。

高校思想政治理论课是直接以学科或理论形态通过课堂教育的方式对大学生进行马克思主义理论与思想政治教育的课程，是一种体现社会主义大学本质特征和要求的德育课程，是一种国家统一制定和实施的、每一个大学生都必修的公共基础课程，其目的是引导和帮助学生树立马克思主义的世界观、人生观、价值观，确立为建设中国特色社会主义而奋斗的政治方向，增强抵制错误思潮和拜金主义、享乐主义、极端个人主义等腐朽思想侵蚀的能力，培养大学生成为社会主义建设者和接班人。

高校思想政治理论实践课是指学校正式设立的以学生思想道德素质发展为中心，以实践活动为主要形式，以学生所获得的思想道德方面的直接经验为组织形式的课程。[①]

（二）思想政治理论课的功能

2008 年 7 月 8 日，刘延东在中宣部、教育部联合召开的"加强和改进高校思想政治理论课工作会议"上的讲话中强调，高校思想政治理

---

① 余双好：《高校实践德育课程建设的基本内容理论依据和现实策略》，《江南大学学报（人文社会科学版）》2004 年，第 5 期。

论课肩负着五大职责，即用马克思主义中国化的最新成果武装大学生；推动社会主义核心价值体系建设；帮助大学生正确认识我国国情和改革发展稳定现实问题；促进大学生提高政治鉴别力，增强政治敏锐性；培养高素质人才。

思想政治理论课是一门意识形态很强的学科，有着其他课程无法替代的功能。思想政治理论课的功能主要是：

第一，导向功能。即通过思想政治理论课教育教学，向大学生宣传社会主义的政治观点和理论，引导和教育学生坚持用马克思主义科学理论武装自己，从而确保坚定的政治方向和立场，树立正确的世界观、人生观和价值观。

第二，服务功能。即"思想政治理论课的教育教学活动以社会经济为基础，从中吸取有力的佐证并发挥理论指导作用，是推动社会主义市场经济的有力武器。"[①]

第三，教化功能。即以大学生全面发展为目标，深入进行思想道德教育，使他们的道德认识得以提高，道德信念得以确立，道德习惯得以养成，实现道德教化并陶冶情操。

第四，照明功能。即帮助学生掌握先进的科学文化知识，提高理论思维能力，增强应用技术能力。马克思主义思想政治理论课是人类先进文化的重要体现，从教育内容和知识层面来说，牵涉哲学、历史、经济学和社会学等人文学科，也牵涉自然科学和技术科学，内容博大精深。因此，学习思想政治理论课有利于大学生看清时代的要求和人类历史发展的必然趋势，在传承我国优秀文化和培养大学生创新思维及创新能力方面起到重要作用。

第五，发展功能。即思想政治理论课具有促进个体思想道德社会化、形成社会所需要的思想道德素质、增进学生个体的发展的功能。

（三）思想政治理论课的名称演变

1949 年 10 月 8 日，华北人民政府高等教育委员会颁布的《华北专

---

① 柳礼泉：《大学思想政治理论课实践教学研究》，湖南大学出版社 2006 年版，第 19 页。

科以上学校一九四九年年度公共必修课过渡时期实施暂行办法》中规定："公共必修课开设辩证唯物论和历史唯物论（包括社会发展史）、新民主主义论（包括近代中国革命运动史），文、法、教育（师范）学院毕业班学生必修政治经济学。"① 据此可以看出，我国建国之初就在高校中开设了政治课，不过当时这门课并没有一个标准和统一的名称，因此，建国之初对大学生进行系统的马列主义毛泽东思想教育和新民主主义教育的公共必修课就是今天的思想政治理论课。

1956 年 9 月 9 日，《中华人民共和国高等教育部关于高等学校政治理论课程的规定（试行方案）》中又将政治课称为政治理论课程，此后又先后出现过共同政治理论课、马克思主义理论课、马列主义理论课和共产主义品德课、马克思主义理论课和思想教育课、思想品德和政治理论课等名称。这些名称上的变化虽然有一定的历史继承性和内在联系性，但是变化过于频繁，也导致了人们对课程理解的随意性。1995 年 10 月 24 日，国家教育委员会颁发了《关于高校马克思主义理论课和思想品德课教学改革的若干意见》，马克思主义理论课和思想品德课的标准提法在意见中第一次出现。意见指出："为适应新形势的要求，贯彻落实《中共中央关于进一步加强和改进学校德育工作的若干意见》，深入进行高等学校马克思主义理论课和思想品德课（简称"两课"）的教学改革，根据两年来"两课"改革的探索和实践经验，提出如下意见……"② 自此，我国高校的政治课便有了马克思主义理论课和思想品德课（"两课"）的统一名称，并一直沿用到 2004 年。

2004 年 8 月，中共中央国务院正式下发了《关于进一步加强和改进大学生思想政治教育的意见》，即中共中央 16 号文件。《意见》指出："高等学校思想政治理论课是大学生思想政治教育的主渠道。思想政治理论课是大学生的必修课，是帮助大学生树立正确世界观、人生

---

① 教育部社会科学司组编：《普通高校思想政治理论课文献选编（1949－2006）》，中国人民大学出版社 2007 年版，第 2 页。

② 段忠桥：《建国以来普通高校马克思主义理论课和思想品德课课程设置及教学内容历史沿革（下编）》，高等教育出版社 2004 年版，第 47 页。

观、价值观的重要途径，体现了社会主义大学的本质要求。要按照充分体现当代马克思主义最新成果的要求，全面加强思想政治理论课的学科建设、课程建设、教材建设和教师队伍建设，进一步推动邓小平理论和'三个代表'重要思想进教材、进课堂、进大学生头脑工作。要联系改革开放和社会主义现代化建设的实际，联系大学生的思想实际，把传授知识与思想教育结合起来，把系统教学与专题教育结合起来，把理论武装与实践育人结合起来，切实改革教学内容，改进教学方法，改善教学手段。要加强对思想政治理论课的宏观指导，采取有力措施，力争在几年内使思想政治理论课教育教学情况有明显改善。"16 号文件下发后，"两课"统一改称为"思想政治理论课"。

2005 年 2 月 7 日，中共中央宣传部、教育部下发了《关于进一步加强和改进高等学校思想政治理论课的意见》，2005 年 3 月 9 日又下发了具体的《实施方案》。2006 年 9 月，高校思想政治理论课全面实施"05 方案"。经过调整后，高职生必修的思想政治理论课课程由五门变为两门，也就是说，目前高等职业技术学校的思想政治教育理论课具体是指："思想道德修养与法律基础"、"毛泽东思想、邓小平理论和'三个代表'重要思想概论"（现改名为"毛泽东思想和中国特色社会主义理论体系概论"）两门必修课，同时开设"形势与政策"课。

二、中国思想政治理论课的沿革

思想政治理论课教育是人类社会发展到一定阶段所呈现的特殊社会现象，是适应统治阶级需要而产生的。因此它具有两方面的社会职能：一方面是传授生产知识和生活经验，为发展社会生产力服务；另一方面是传播社会意识，培养具有一定的社会思想观点、道德品质的人。历代的统治阶级为了加强其统治地位，不断加强政治教育、思想教育和道德教育，形成了独特的内容和方法。

（一）古代思想政治理论课的发展

据历史考证，中国在原始社会就出现了教育，而在商朝出现了文字，并在奴隶社会出现了学校。虽然学校没有专门开设一门思想政治教育课，但加强思想政治教育均受到历代社会统治者的重视。①

殷周时期，在思想意识上产生了"礼"，出现"学在官府"（即"官守学业"），只有贵族文化，而无民间私学。章学诚在《校雠通义》中说："有官斯有法，故法具于官。有法斯有书，故官守其书。有书斯有学，故师传其学。有学斯有业，故弟子习其业。官守学业，皆出于一，而天下以同文为治，故私门无著述文字。"② 章太炎在《检论》中也说："不仕则无所受书。""学术既专为官有，故教育亦非官莫属。"③ 所谓"庠"、"序"等学校教育都是教养贵胄子弟，庶民子弟不能高攀。

春秋末期，"礼崩乐坏"，反映在文化教育上正是"天子失官，学在四夷"。新的教育形式诞生和发展，产生了孔子思想。孔子提出"仁者爱人"，主张"为政以德"。孔子谓"礼失而求诸野"，首开私人讲学之风，积极创办私学，培养了许多学生，要求学生先学会做人，然后学会做事，主要讲授"礼、乐、射、御、书、数"六艺。教师是"官师"、"君师"，受到尊重。

战国时期，学在官府的传统被打破，教育开始普及于民间，私学开始盛行起来，各国国君为了富国强兵而争相礼贤下士，官僚贵族招贤养士。适应政治需要而产生了大量的学术思想流派，如：孔、墨、道、法、阴阳、名辩等家。后世儒家按照自己的思想办学，教授《大学》、《中庸》、《论语》、《孟子》、《诗经》、《书经》、《易经》、《礼经》、《春秋经》等四书五经。

春秋战国时期的思想政治教育的特点是：

第一，没有具体的思想政治理论课的名称，不单独开设思想政治理论课，但学校教育中非常重视思想政治教育，其内容突出国家民族利益，强调人的安分守己。如：左丘明《左传·襄公二十四年》中"德，

① 王继辉：《高职院校"思政课"教学法研究》，中国文史出版社2005年版，第40页。
② 章学诚：《校雠通义（卷一）》，中华书局《四部备要》本，第3页。
③ 转引自王继辉：《高职院校"思政课"教学法研究》，中国文史出版社2005年版，第40页。

7

国家之基也"；《左传·襄公九年》"我之不德，民将弃我"；《论语·卫灵公》"志士仁人，无求生以害仁，有杀身以成仁"；等等。

第二，把思想政治教育的内容寓于文学、历史作品之中。如：《左传》是一部记事记言的名著，《诗经》是一部从西周到春秋的诗歌总集。

第三，思想政治教育的目的是培养"君子"，教化"小民"。如孟子："设为庠序学校以教之……皆所以明人伦也。人伦明于上，小民亲于下。"①

第四，重视教师在思想政治教育中的作用，特别是言传身教的意义。如孔子说："其身正，不令而行；其身不正，虽令不从。"② 教师既要是"经师"，又要是"人师"。

第五，强调学生在思想政治教育中的主体作用，坚持"乐学"。如孔子说："学而不思则罔，思而不学则殆。"③ "知之者不如好之者，好之者不如乐之者。"④

第六，坚持启发式调动学生积极性原则。《学记》上说："道而弗牵，强而弗抑，开而弗达。"孔子提出："不愤不启，不悱不发。"⑤

第七，提倡思想政治教育要"有教无类"、"因材施教"、"长善救失"、"身体力行"。

第八，强调自我教育的作用。如孔子说："见贤思齐焉，见不贤而内自省也。"⑥ "三人行，必有我师焉；择其善者而从之，其不善者而改之。"⑦ 曾子也曾说："吾日三省吾身。"⑧

第九，学校教育教学的内容主要是儒家的经典著作，封建的伦理道德。

秦始皇统一中国后，统一了文字，禁绝私学，焚书坑儒，文化学术

---

① 见《孟子·滕文公上》。
② 见《论语·子路》。
③ 见《论语·为政》。
④ 见《论语·雍也》。
⑤ 见《论语·述而》。
⑥ 见《论语·里仁》。
⑦ 见《论语·述而》。
⑧ 见《论语·学而》。

受到严重摧残。西汉初年推崇黄老政治思想，陆贾提出"以寡服众，以弱制强"，"道莫大于无为，行莫大于谨敬"。汉武帝"罢黜百家，独尊儒术"。之后，官吏主要出自儒生，儒家学说逐渐发展成为此后两千年间统治人民的封建正统思想。汉朝董仲舒主张人君的统治要以德为主，以刑辅德，提出"王道三纲"——君臣、夫妻、父子。他主张设学校以广教化。这一时期的思想政治教育继承了春秋战国时期的思想政治教育的部分特点，如：没有具体的思想政治理论课的名称，不单独开设思想政治理论课，但统治者非常重视思想政治教育，重视国家民族利益，如"天下为公"的思想。坚持"因材施教"、"长善救失"原则。同时，秦汉时期的思想政治教育还有自己的特色：第一，思想政治教育内容寓于儒家的经典著作之中，儒家传授出现昌盛局面。第二，思想政治教育的形式是博士带弟子、博士记诵和解释儒家经典。第三，道德教育必须注意"预"和"时"的原则。"禁于未发之谓预，当其可之谓时"，"时过然后学，则勤苦而难成"。[①]

三国两晋南北朝时期，佛教、道教发展起来。这一时期的思想政治教育的特点主要是：第一，学校没有专门的思想政治理论课程，但统治者非常重视思想政治教育工作。第二，思想政治教育寓于宗教之中。第三，文学作品中包含着思想政治教育的内容。

隋唐时期，统治阶级大力提倡佛教，佛教发展出现了天台宗、华严宗、禅宗、法相宗等宗派。同时，唐朝统治者又提倡道教。这一时期的思想政治教育除了继承了三国两晋南北朝时期的思想政治教育的特点，还进一步肯定了教师的作用，如"师者，传道、授业、解惑也。"[②] 鼓励学生超越老师，如"弟子不必不如师，师不必贤于弟子。闻道有先后，术业有专攻，如是而已。"[③]

宋元时期以理学为主要哲学思想，其代表人物有：客观唯心主义者周敦颐、张载、程颢、程颐、朱熹，主观唯心主义者陆九渊。这一时期

---

① 见《学记》。
② 见韩愈：《师说》。
③ 同上。

的思想政治教育的主要特点是：没有专门的思想政治理论课程，但统治者非常重视思想政治教育的作用；思想政治教育的内容寓于诗、词、小说、戏曲之中，如关汉卿的《窦娥冤》包含了丰富的思想政治教育思想；思想政治教育的内容以宣传理学为主，同时与宗教（如佛教、道教、伊斯兰教）联系在一起；思想政治教育既谈论关于道德、性命、理气等的抽象问题，也讲求兵刑、钱谷等可以富国强兵、报仇雪耻的实用学问；元朝统治者看不起教师，把人分为"十等"，而教师被列为第九等，即"九儒"等等。

明清提倡程朱理学，同时也推崇王守仁创立的王学。这一时期的唯物主义者反对空谈，倾向于经世致用之学。此时学校仍没有专门的思想政治理论课程，但统治者非常重视思想政治教育工作。思想政治教育的内容寓于小说、戏剧之中，与程朱理学、王学联系在一起。

（二）近现代思想政治理论课的发展

随着近代中国一步步沦为半殖民地半封建社会，近代中国在文化领域呈现着剧烈的变化，代表中国封建统治阶级旧文化的"旧学"日益萎靡不振，而代表资产阶级文化的"新学"逐渐发展。"新学"人物以洪秀全、康有为、严复、孙中山为代表，学习西方社会学说以图挽救中国的危亡。封建知识分子中的一部分人，如龚自珍、林则徐、魏源和包世臣等开始注意现实问题，主张抵抗侵略，了解西方国家情况，学习外人"长技"，改进防御力量。洋务运动在教育上提出"中学为体、西学为用"的方针，主张学习西方文化。这时期的学校仍旧没有固定的思想政治理论课程，但统治者非常重视思想政治教育的作用，课堂教学备受关注，如：1862年在北京开办的京师同文馆采用课堂教学，1901年清政府普遍推广课堂教学；思想政治教育的内容存在于文学作品中，并与反侵略运动联系在一起，如张维屏的《三元里》，魏源斥责投降派的《寰海十章》，都是斗争中出现的好诗篇；李宝嘉的《官场现形记》、吴沃尧的《二十年目睹之怪现状》和曾朴的《孽海花》，揭发了统治阶级的腐朽和外国侵略者的罪恶；黄遵宪的《台湾行》，"我高我曾我祖父，艾杀蓬蒿来此土，糖霜茗雪千亿树，岁课金银无万数"等诗句歌颂中国人民的辛勤缔造；"人人效死誓死拒，万众一心谁敢侮!"这样雄壮的诗句表达中国人民誓不放弃台湾的斗志和决心等等。

在新民主主义革命时期，中国共产党领导人民进行反帝反封建斗争。随着斗争形势的发展，思想政治教育开始以专门的课程形式进行。在中共党史上，把马克思主义理论纳入高等学校课程，通过课堂教学的形式宣传马克思主义理论，进行马克思主义理论教育，可以追溯到1920年李大钊在北京大学史学系、经济系、法律系和政治系先后正式讲授的《唯物史观》、《工人的国际运动》等马克思主义理论课或讲座。在中国共产党成立的第一个决议中，明确地提出要努力做好马克思主义的宣传教育工作和反帝反封建的革命教育工作，使工人、农民和知识分子的革命觉悟得到启发，积极投身到革命的洪流中来。在土地革命战争时期举办的各种干部培训学校，在抗日战争时期创办的具有高等教育性质的大学，在解放战争时期新办的各种门类高等学校中都开设了马克思主义理论教育课程，由于受到当时革命战争年代各方面条件的限制，这些课程的开设还处于相对分散、比较零星、比较偶然和范围受到局限的阶段。同时，在中国共产党内的思想政治教育工作始终没有放松过，并且注重教育方法。例如，1929年12月毛泽东在红四军党的第九次代表大会起草的决议案中，就规定了在红军中上政治课的"十大教授法"，即启发式（废止注入式）、由近及远、由浅入深、说话通俗化（新名词要释俗）、说话要明白、说话要有趣味、以姿势助说话、后次复习前次的概念、要提纲、干部班要用讨论式。同时，政治课要分普通、特别、干部三班。普通班分两种形式，一个支队在一起时，以支队为单位上课，教授以支队政治委员为主任，大队政治委员分担各课，除战斗兵须到课外，传令兵、勤务兵、长夫、马夫、火夫须均到课。普通班之目的在于使一般兵士得到基本政治常识。特别班以支队为单位，从各大队士兵中考选稍识文字及略有政治常识者50名编成，支队政治委员为主任教授，大队政治委员分担各课。特别班之目的在于培养较普通班高一级的政治常识人才，以备将来升当下级干部之用。干部班以纵队为单位，军直属队另成一单位，以大队长、大队副、中队长、中队副、各级军佐及其他指定人员编成。目的在于提高现任下级干部的政治水平线，使其能领导群众，以预备将来能充当中级干部。由纵队政治委员政治部主任、纵队司令官及其他有适当能力的人担任教授。以支队为单位组织政治训练委员会，以支队各政治委员并军事长官中能任政治训练者组织之，以支队政治委员为主任，其任务为讨论在一个支队内关于执行士兵政治训练的种种问题。军及各纵队直属部队的政治训练，由军及各纵队政治部宣传科负责组织政治训练委员会执行之。①

而在国统区，国民党为了禁锢学生的思想，使学生顺从他们的统治，大力推行"党化教育"，提倡封建的"四维八德"（四维即礼、义、廉、耻，八德即忠、孝、仁、爱、信、义、和、平），要学习"明礼义"、"知廉耻"、"尽忠孝"、"行仁义"，并且开设"军训"、"童子军"、"公民"、"党义"等科目。

（三）建国后思想政治理论课的发展

建国以后，我国进入社会主义革命和建设时期，思想政治理论课建设也真正开始从整体上、大规模、主动地开展。反映这一时期的高校思想政治理论课表现出不同的特征，具体来说，经历了四个阶段：第一阶段（1949—1956年），属于高校思想政治理论课初步发展时期；第二阶段（1956—1978年），属于高校思想政治理论课曲折发展时期；第三阶段（1978—1992年），属于高校思想政治理论课恢复与稳定发展时期；第四阶段（1992至今），属于高校思想政治理论课全面发展时期。

1. 高校思想政治理论课初步发展时期

中华人民共和国成立初期，百废待兴。共和国的建设急需的莫过于合格的社会主义建设者。培养什么人、如何培养人自然地成为高校肩负的巨大历史责任。《中国人民政治协商会议共同纲领》作为中华人民共和国的临时宪法，对共和国的大政方针、基本任务都做出了具体规定。"根据《中国人民政治协商会议共同纲领》，确定建国初期大学德育的基本任务是：彻底肃清帝国主义、封建主义和官僚资本主义的反动思想，

---

① 《毛泽东文集（第1卷）》，人民出版社1993年版，第104—105页。

树立全心全意为人民服务的世界观、努力提高学生的思想文化素质。"①这为建国初期高校思想政治理论课教学工作指明了方向。

1949 年 10 月 8 日，华北人民政府高等教育委员会颁布了《华北专科以上学校 1949 年度公共必修课过渡时期实施暂行办法》，11 日又颁布了《大学专科学校各系课程暂行规定》，规定"新民主主义论"、"政治经济学"和"辩证唯物论与历史唯物论（包括社会发展史）"等为必修课程。1951 年 9 月 10 日，教育部发出指示，对上述三门课程做了规定，要求要着重讲授系统的马克思列宁主义、毛泽东思想，并尽可能地联系中国革命、建设的实际和学生思想实际，防止教条主义偏向。②1952 年 10 月 7 日，教育部又颁发了《关于全国高等学校马克思列宁主义、毛泽东思想课程的指示》，规定：综合性大学及师范院校必须开设"新民主主义论"、"政治经济学"和"辩证唯物论与历史唯物论"，理、工、农、医等专门学院必须开设"新民主主义论"、"政治经济学"，并规定必须有讨论学时。同时指出，各类高等院校和专修科院校要准备从1953 年度开始开设马克思主义基础课程。1953 年 6 月，根据高等学校课程改革发展的实际和要求，教育部又颁布了《关于改"新民主主义论"为"中国革命史"及"中国革命史"的教学目的和重点的通知》，规定从 1953 年起，高等学校一年级开设的"新民主主义论"课程改为"中国革命史"课程，并指出该课程主要是对学生加强反帝爱国主义思想教育、爱国爱党教育、革命前途教育。③ 这样，从 1953 年开始，综合性大学、师范院校的思想政治理论课程开设情况如下：一年级，马克思主义基础；二年级，中国革命史；三年级，政治经济学；四年级，辩证唯物论与历史唯物论。这标志着我国高等学校马克思主义理论课程体系初具雏形。1956 年 9 月 9 日，教育部下发了《关于高等学校政治理论课程的规定（试行方案）》，确定了高等学校思想政治理论课为马克思

---

① 刘献君：《建国五十年大学德育研究的回顾与展望》，《高等教育研究》1999 年，第 4 期。

② 全国普通高校"两课"教育教学调研工作领导小组组编：《普通高校思想政治教育课程文献选编（1949－2003）》，中国人民大学出版社 2003 年版，第 9 页。

③ 同上，第 16－17 页。

主义基础、中国革命史、政治经济学、辩证唯物论与历史唯物论等四门课，并具体明确规定了各门课程的学时、顺序、讲授与课堂讨论的学时比例、考试与考查的方式、专科学校和本科学校政治理论课的区别等，并指出："为了提高教学质量……培养学生的独立思考能力，并使政治课能适当与专业结合"，实行"弹性学时数"。[①] 标志着我国高等学校马克思主义理论课程体系的基本建立。

2. 高校思想政治理论课曲折发展时期

1956—1966 年，我国高校思想政治理论课建设进入了一个曲折发展阶段。1957—1960 年，"大鸣大放"和反右斗争的扩大化，使我国的政治形势发生了巨大变化，正常开设的高校思想政治理论课因此受到了极大的冲击。1957 年 12 月 10 日，高等教育部、教育部联合颁发《关于在全国高等学校开设社会主义教育课程的指示》，规定高校原有的思想政治理论课一律停开，高等学校各年级普遍开设"社会主义教育"课程，内容以毛泽东的《关于正确处理人民内部矛盾的问题》为主，学习时间为一学年，并要求结合当时运动的情况学深学透。这个指示是当时阶级斗争扩大化和"左"倾思想的产物，它把理论学习与政治学习对立起来，用政治学习代替理论学习，实际上取消了高等学校思想政治理论课教学，破坏了思想政治理论课教学连续性和相对稳定性。自此，高校思想政治理论课开始走向为"左"倾路线服务的曲折道路。

1958 年 4 月 12 日，教育部政教司在《对高等学校政治教育工作的几点意见（草稿）》中提出今后政治课一律开设三门课——"马列主义基础"、"政治经济学"、"辩证唯物论与历史唯物论"。[②] 提出政治课教学的目的是改造思想，提高社会主义觉悟，贯彻理论与实际相结合的教学方针，克服教条主义，反对修正主义。

1961—1966 年，党和国家对政策的正确调整，使高校思想政治理

---

① 全国普通高校"两课"教育教学调研工作领导小组组编：《普通高校思想政治教育课程文献选编（1949—2003）》，中国人民大学出版社 2003 年版，第 27 页。

② 同上，第 31—32 页。

论课教学被扭曲的状况得到了改善。1961 年 4 月，为了贯彻"调整、巩固、充实、提高"的方针，中宣部和教育部召开会议，制定了《改进高等学校共同政治理论课程教学的意见》，认为高校共同政治理论课程包括两类：马克思列宁主义基础理论和形势与任务。马克思列宁主义基础理论课程包括马克思主义的三个组成部分。文科专业开设："中共党史"、"马克思列宁主义基础"、"政治经济学"、"哲学"课程；理工农医各专业和艺术、体育院校开设："中共党史"、"马克思列宁主义概论"课程；专科学校的文科开设："马克思列宁主义概论"课程；"形势与任务"课为各专业、各年级的必修课。[①]

1963 年 8 月 9 日，教育部在《试行"关于高等学校研究生政治理论课的规定"（草案）的通知》中规定了研究生政治课包括："马克思列宁主义理论"和"思想政治教育报告"。这个文件对规范研究思想政治理论课教学，探讨研究思想政治理论课的教学内容和形式，起到了奠基性的作用。

1964 年 10 月 11 日，中共中央下发《关于改进高等学校、中等学校政治理论课的意见》，指出政治理论课必须以毛泽东思想为指针，把宣传毛泽东思想作为最根本的任务，把毛主席著作作为最基本的教材，规定："高校政治课由四门构成：形势与任务、中共党史、哲学、政治经济学。"这一时期，由于受毛泽东反修防修思想影响，高校思想政治理论课的主要内容体现了反修防修的历史特点："形势与任务"课的重点是阅读和讲解重大政治文件、重要社论和反对现代修正主义的文章；"中共党史"以党内两条路线斗争为中心内容；"哲学"以《实践论》、《矛盾论》、《关于正确处理人民内部矛盾的问题》、《人的正确思想是从哪里来的》等文章为主要教材；"政治经济学"则是帮助学生了解党的社会主义革命和社会主义建设的路线和政策，使学生懂得反对修正主义、防止修正主义斗争的必要性。

从总体上说，这个时期虽然在"教育革命"思想的影响下，学校思

[①] 全国普通高校"两课"教育教学调研工作领导小组组编：《普通高校思想政治教育课程文献选编（1949－2003）》，中国人民大学出版社 2003 年版，第 41 页。

想政治理论课建设中片面突出了政治和思想改造，片面理解和强调了教育与生产劳动相结合，对思想政治理论课教学质量带来了消极影响。但马克思主义理论教育仍取得了较大成绩：形成了比较科学合理的马克思主义理论教育内容体系，有了理论水平较高、比较成型的配套教材，形成了一支有相当的马克思主义理论水平和教学经验的教师队伍，并且初步开展了研究生思想政治理论课的探讨，基本保持了高校思想政治理论课的稳定性和主要的思想政治教育功能。

从 1966 年 5 月到 1976 年 10 月的"文化大革命"，是学校思想政治理论课建设遭到严重挫折、出现严重倒退的时期。

1966 年至 1970 年高等学校停止招生、政治理论课停开。1970 年 6 月，中共中央颁发了《关于北京大学、清华大学招生（试点）的请示报告的批示》，规定高校思想政治理论课以毛主席著作为基本教材。之后，高校思想政治课完全成了政治运动的附属物，已经无法发挥其特有的教育作用。

因此，"文化大革命"十年浩劫与拨乱反正初期的 13 年，是我国学校思想政治理论课的荒芜时期。

3. 高校思想政治理论课恢复与稳定发展时期

1978 年，以党的十一届三中全会的召开为标志，中国进入了一个新的历史发展时期。随着政治经济形势变化，教育也出现新的发展。1978 年 4 月，教育部办公厅颁布《关于加强高等学校马列主义理论教育的意见》，对马列主义理论在高等学校的地位的认识问题、目标和任务问题、教材问题、教学方法问题、教师队伍问题、领导体制问题做出了较为明确的规定。1978 年 6 月，高等学校文科教学工作座谈会在武汉召开，肯定了 60 年代初所制定的教育方案，规定今后政治课程开设与 60 年代初相同，并规定文科增开"国际共产主义运动史"。1980 年 7 月 7 日教育部颁发了《改进和加强高等学校马列主义课的试行办法》，对当时高校思想政治理论课的课程设置作了规定，要求高校"根据实践经验和现有条件，在目前，全国高校本科开设中共党史、政治经济学、哲学课程。文科专业加开国际共产主义运动史课程，也可试开科学社会主义课程……二年制专科开设一至二门马列主义课，三年制专科开设二至三门马列主义课。课程门类由各校根据专业性质自定，并强调马列主义课是必修课程，不能选修或免修。"① 这个文件是新时期重新全面开展马克思主义理论课程建设的新起点。

十一届三中全会以后，为加强大学生的人生、理想道德等内容的教育，高校思想品德课应运而生，但在课程体系建立初期，思想品德课名称众多，诸如"思想道德修养"、"大学生思想品德修养课"、"思想修养"、"德育"、"青年学生思想品德修养"等。1980 年 10 月 9 日，教育部发出《关于高等学校逐步开设共产主义思想品德课程的通知》，指出："为了培养学生成为有革命理想、讲革命道德、守革命纪律、有文化的又红又专的人才，有必要把共产主义思想品德课作为一门必修课，纳入教学计划。"1982 年各高校按照教育部这一通知的要求逐步开设了共产主义思想品德课，有些学校还举办中国近代史专题讲座，对学生进行爱国主义教育。1982 年党的十二大为高校思想品德课的发展提供了有利的政策支持和发展契机，党的十二大提出了"建设高度的社会主义精神文明"的重大理论和实践问题，围绕精神文明建设问题，胡耀邦在1982 年《全面开创社会主义现代化建设的新局面》的报告中提出："要通过一切可能的途径，采取一切有效的方法，努力实现理想教育、道德教育、纪律教育在全国人民中首先是全国青少年中的普及。这是争取在五年内使社会风气根本好转的一项基本措施。"② 这一重大战略决策把思想道德教育的重要地位提到了前所未有的高度。经过两年的经验积累，教育部于 1984 年 9 月 12 日下发了《关于高等学校开设共产主义思想品德课的若干规定》，明确指出："共产主义思想品德教育，是高等学校学生思想政治教育的重要组成部分"，规定了共产主义思想品德课的任务地位、教学内容、教学原则、考试方法、队伍建设、教学机构等，

---

① 全国普通高校"两课"教育教学调研工作领导小组编：《普通高校思想政治教育课程文献选编（1949—2003）》，中国人民大学出版社 2003 年版，第 87 页。

② 中共中央文献研究室编：《十二大以来重要文献选编（上）》，人民出版社 1986 年版，第 32 页。

并制定了《共产主义思想品德教学大纲》（试用本）。

1985 年，我国再次调整高校思想政治理论课的课程体系，自此之后，高校思想政治理论课由思想品德课和政治理论课两部分组成。1985年 8 月 1 日，中共中央发出了《关于改革学校思想品德和政治理论课程教学的通知》，为高校思想政治理论课程设置的改革确定了方向。该文件成为十一届三中全会后思想政治理论课改革的纲领性文件，在文件中形成了 1985 年马克思主义理论课的改革方案，规定高校思想政治理论课要进行以下四个方面的教育：关于以中国革命史为中心的历史教育；关于马克思主义基本理论的教育；关于中国社会主义建设和改革的理论政策和实际知识教育；同时有分析有比较地介绍其他各种社会思潮，在对错误思潮进行批评分析的基础上培养大学生运用马克思主义分析各种思潮的能力。

为贯彻落实中央《关于改革学校思想品德和政治理论课程教学的通知》，1986 年 3 月 20 日，国家教委下达了《进一步贯彻〈中共中央关于改革学校思想品德和政治理论课程教学的通知〉的意见》，明确规定开设"中国革命史"、"中国社会主义建设"和"马克思主义原理"等三门新课程（即新三门），同时规定有条件的地区和学校可开展"世界政治经济和国际关系"的专题课或讲座，但并不要求全国高校统一开设。意见中还对新课程开设的具体步骤进行了规定，"中国革命史"的开设步骤是：1987 年在较多的学校开设"中国革命史"课并评审推荐全国使用教材，1988 年在全国多数高等学校开设"中国革命史"课；"中国社会主义建设"的开设步骤是：1988 年评审推荐全国使用教材，并在全国多数高等学校开设"中国社会主义建设"课；"马克思主义原理"的开设步骤是：1989 年评审推荐全国使用教材，1990 年在全国多数学校开设"马克思主义原理"课。

1985 年，中央发出《关于向全体公民基本普及法律常识的五年规划的通知》。遵照中央指示，1986 年 9 月 1 日，国家教委发出《关于在高等学校开设"法律基础课"的通知》，规定全国高校要开设"法律基础"课，进一步完善了高校思想品德课的课程体系。于是，思想品德课由开始的一门向多门拓展。

为加强对大学生形势、政策、人生、理想、民主、法制等各种思想认识问题的教育，1987年10月20日，国家教委为了进一步规范高校思想政治理论课下发了《关于高等学校思想教育课程建设的意见》，规定了高校思想教育课程设置为五门："形势与政策"、"法律基础"两门为必修课，"大学生思想修养"、"人生哲理"、"职业道德"三门可因校制宜有选择地开设。1988年对"形势与政策课"的开设提出了有针对性的意见，并于5月24日下发了《关于在高等学校开设"形势与政策"课的实施意见》。1988年2月24日，国家教委政教局规定文科博士生开设"马克思主义与当代社会思潮"课，理、工、农、医博士研究生开设"现代科学技术革命与马克思主义"课。1991年8月3日，国家教育委员会《关于加强和改进高等学校马克思主义理论教育的若干意见》中规定，高校马克思主义理论教育的课程形式以相对稳定为宜。根据几年来课程改革的实践和教学情况，四年制本科应继续开设"中国革命史"和"中国社会主义建设"课，"马克思主义原理"课要继续完善；文科类专业还应开设"世界政治经济与国际关系"课。综合性大学理论专业、财经政法类和民族类院校的马克思主义理论课的课程设置，可根据其专业特点做必要的调整。二年制和三年制大学专科应分别开设二门或三门马克思主义理论课。

这一时期我国学校思想政治理论课建设的总体特点是恢复与重建。同时，高校思想政治理论课又增添了新的课程内容，思想品德课作为一种与改革开放相伴随而产生的课程内容开始出现并逐渐成为了一个课程体系；高校思想政治理论课的覆盖面也得到了空前的扩大，已经拓展到学校教育的各个层次，形成了相对完备的课程体系。

4. 高校思想政治理论课全面发展时期

1992年党的十四大召开，大会以邓小平的南巡讲话为思想基础。党的十四大从九个方面对邓小平建设中国特色社会主义理论的主要内容作了科学的概括，这标志着邓小平理论科学体系的形成。党的重大理论的进展对高校思想政治教育提出新的要求，思想政治理论课建设也日益走向科学化、规范化和系统化的轨道。

1995年10月24日，国家教委下发了《关于马克思主义理论课和思想品德课教学改革的若干意见》，该文件借鉴1985年以来高校马克思主义理论课和思想品德课的改革经验，并对之作了认真总结，对高校德育课程的地位和功能进行了较为科学的总结：学校马克思主义理论课和思想品德课是对青年学生系统进行马克思主义基本理论教育和思想品德教育，是社会主义大学的本质特征之一，是高校思想政治教育的主要渠道、主要阵地，是每个大学生的必修课程。这一文件实现了两个首次：第一个是首次将高校马克思主义理论课和思想品德课共同简称为"两课"，并指出两课是高校思想政治教育的主要渠道、主要阵地。第二个是首次对"两课"设置作了统一的规定：本科的马克思主义理论课仍设置"马克思主义基本原理"、"中国特色社会主义建设"和"中国革命史"课程；思想品德教育课仍设置"思想道德修养"、"法律基础"和"形势与政策教育"课程；同时文科类专业开设"世界政治经济与国际关系"课程。1995年11月23日，国家教委颁布《中国普通高等学校教育大纲》，强调"两课"教学要以邓小平建设有中国特色社会主义理论为指导。

为了将建设有中国特色的社会主义事业全面推向21世纪，1997年9月党的十五大正式提出"邓小平理论"这一科学概念，并将邓小平理论同马克思列宁主义、毛泽东思想一起确立为党的指导思想并写入党章。以党的十五大精神为指导，为加强邓小平理论教育，实现高校思想政治理论课教育教学的与时俱进和发展创新，党中央提出邓小平理论要"进课堂、进教材、进学生头脑"的"三进"要求。1998年4月28日，中宣部、教育部下发了《关于普通高等学校开设"邓小平理论概论"课的通知》，要求从1998年秋季开始，普通高校必须开设"邓小平理论概论"课，课程以原有的"中国特色社会主义建设"课程为基础，并把"马克思主义原理"中"科学社会主义论"的课程内容和"中国革命史"中关于1956年以后的课程内容融合到这一课程中统一进行讲授。邓小平理论作为"两课"教育教学中心地位的确立，标志着新课程方案设置的制定迈出了具有决定性意义的一步。1998 年 6 月 10 日，中宣部、教育部下发了《〈关于普通高等学校"两课"课程设置的规定及其实施工作的意见〉的通知》，正式规范了"两课"课程的新方案（简称"98 方案"）。其课程设置为：二年制专科马克思主义理论课为"马克思主义哲学原理"、"邓小平理论概论"；三年制专科马克思主义理论课为"马克思主义哲学原理"、"毛泽东思想概论"、"邓小平理论概论"；二年制和三年制专科思想品德课设置"思想道德修养"、"法律基础"；本科理工科的马克思主义理论课为"马克思主义哲学原理"、"马克思主义政治经济学原理"、"毛泽东思想概论"、"邓小平理论概论"，文科则加开一门"当代世界经济与政治"。本科思想品德课设置"思想道德修养"、"法律基础"两门课程。硕士生马克思主义理论课为"科学社会主义理论与实践"和"自然辩证法概论"（理工类开设）或"马克思主义经典著作选读"（文科类开设）；博士生马克思主义理论课为"现代科学技术革命与马克思主义"（理工类开设）或"马克思主义与当代思潮"（文科类开设）。文件还指出，各层次各科类学生都要开设"形势与政策"课。

2002 年 11 月，党的十六大召开，十六大高度评价了"三个代表"重要思想的历史地位和重要意义，把"三个代表"重要思想确立为党的指导思想并写入党章。为贯彻落实党实现"三个代表"重要思想"进课堂、进教材、进学生头脑"，2003 年 2 月 12 日，教育部下发了《关于进一步深化"三个代表"重要思想"三进"工作的通知》，将"邓小平理论概论"课调整为"邓小平理论和'三个代表'重要思想概论"课，要求各高校从 2003 年秋季开学开始，普遍开设"邓小平理论和'三个代表'重要思想概论"课，鼓励有条件的高校可单独开设"三个代表"重要思想概论课。高校思想政治理论课逐渐以整体性面貌呈现在整个高等教育课程体系之中。①

2004 年 8 月 26 日，中共中央国务院正式下发了《关于进一步加强和改进大学生思想政治教育的意见》，明确提出："要按照充分体现当代

---

① 骆郁廷：《高校思想政治理论课程论》，武汉大学出版社 2006 年版，第 81 页。

马克思主义最新成果的要求，全面加强思想政治理论课的学科建设、课程建设、教材建设和教师队伍建设，进一步推进邓小平理论和'三个代表'重要思想进课堂、进教材、进大学生头脑的工作。"并出台了一系列配套文件。配套文件分别从加强和改进高等学校哲学社会科学学科体系与教材体系建设、校园文化建设、师德建设、辅导员班主任队伍建设，加强和改进大学生心理健康，加强和改进大学生社会实践，加强高等学校学生形势与政策教育等各个方面提出了改革和加强高校思想政治教育的意见和措施，将改进大学生思想政治教育具体化、条理化。

2005年2月7日中共中央宣传部、教育部下发了《关于进一步加强和改进高等学校思想政治理论课的意见》，对高等学校四年制本科思想政治理论课进行了重新调整，形成了高校思想政治理论课新方案（简称"05方案"）。"05方案"将四年制本科生思想政治理论必修课调整为"马克思主义基本原理"、"毛泽东思想、邓小平理论和'三个代表'重要思想概论"、"中国近代史纲要"、"思想道德修养和法律基础"，同时开设"形势与政策"课，并将"当代世界经济与政治"作为选修课开设。2005年3月9日又下发了《〈关于进一步加强和改进高等学校思想政治理论课的意见〉实施方案》，进一步规范了高校的思想政治理论课程和改革的具体要求，并提出专科思想政治理论必修课调整为"毛泽东思想、邓小平理论和'三个代表'重要思想概论"、"思想道德修养和法律基础"，同时开设"形势与政策"课，使思想政治理论课走上了和谐发展的正确轨道。在此背景下，新一轮高校思想政治理论课程改革全面启动。《〈关于进一步加强和改进高等学校思想政治理论课的意见〉实施方案》规定的课程教学基本内容为："马克思主义基本原理"着重讲授马克思主义的世界观和方法论，帮助学生从整体上把握马克思主义，正确认识人类社会发展的基本规律；"毛泽东思想、邓小平理论和'三个代表'重要思想概论"着重讲授中国共产党把马克思主义基本原理与中国实际相结合的历史进程，充分反映马克思主义中国化的三大理论成果，帮助学生系统掌握毛泽东思想、邓小平理论和"三个代表"重要思想基本原理，坚定在党的领导下走中国特色社会主义道路的信念；"中国近现代史纲要"，主要讲授中国近代以来抵御外来侵略、争取民族独立、推翻反动统治、实现人民解放的历史，帮助学生了解国史、国情，深刻领会历史和人民是怎样选择了马克思主义，选择了中国共产党，选择了社会主义道路；"思想道德修养与法律基础"主要进行社会主义道德教育和法制教育，帮助学生增强社会主义法制观念，提高思想道德素质，解决成长成才过程中遇到的实际问题。[1]

2005 年 12 月 23 日，国务院学位委员会、教育部下发《关于调整增设马克思主义理论一级学科及所属二级学科的通知》，决定在"授予博士、硕士学位和培养研究生的学科、专业目录"中增设马克思主义理论一级学科及所属二级学科。"新增设的马克思主义理论一级学科，暂设置于'法学'门类内，下设五个二级学科，即马克思主义基本原理、马克思主义发展史、马克思主义中国化研究、国外马克思主义研究、思想政治教育。"[2] 马克思主义理论一级学科的设立极大地促进了高校思想政治理论课的建设，使高校思想政治理论课有了学科支撑。

综上所述，我国高校思想政治理论课建设有一个历史发展的过程，课程体系从初步确立到发展完善，到受到严重干扰和冲击，甚至呈现课程建设的荒芜状态，再到全面恢复和进一步完善，形成完整的结构合理、功能互补、动态稳定的课程体系，其间经过多次反复和曲折，思想政治理论课的种类从一种类型演变成多种类型，思想政治理论课建设的层面也从单一的围绕课程教学展开进入到教学、科研和学科建设齐头并进的阶段，为下一步思想政治理论课的建设提供了可供借鉴的成功经验和必须加以认真把握的基本方向。

三、西方国家思想政治理论课的演进

西方国家的文明史开始于古希腊罗马时代，其教育发展的历史也源

---

① 骆郁廷：《高校思想政治理论课程论》，武汉大学出版社 2006 年版，第 110—111 页。

② 国务院学位委员会：《关于调整增设马克思主义理论一级学科及所属二级学科的通知》，学位〔2005〕64 号，2005—12—23。

远流长，不管是在奴隶社会、封建社会，还是在资本主义社会，统治阶级对思想政治教育都非常重视。当然在不同的发展历史阶段，其思想政治教育的名称、内容、方法和经验方面都不相同，抛开其为统治阶级服务的一面，其方法、规律、经验等值得我们挖掘、研究、借鉴和利用。

（一）古代西方国家的思想政治理论课

古希腊、古罗马是世界文明的发祥地之一，奴隶主、贵族在这一时期开展改革，经济快速发展，社会更加繁荣，文化发展遥遥领先，奴隶主民主政治得到进一步巩固发展。这一时期，虽然没有固定的思想政治理论课，但统治者非常重视思想政治教育。思想政治教育的内容内含于神话、戏剧、传说、文学作品、宗教、史学、哲学等领域，如《伊索寓言》。但只有奴隶主、贵族享有受教育和从事文化艺术活动的权利，平民、奴隶、外邦人和妇女没有受教育的权利，没有公民权。

公元9世纪，西欧开始进入封建社会，国王、贵族、教会上层人物掌握了土地所有权和政治权力，构成封建地主阶级，农民被剥夺了土地所有权和人身自由，成为农奴。学校没有明文规定的思想政治理论课，但统治者非常重视思想政治教育，当时学校主要是学习古希腊时期的著作。由于基督教广泛传播，教会垄断了教育，宣传虔诚、禁欲、恭顺、服从，基督教处于万流归宗的地位，基督教教会成了当时封建社会的精神支柱，它建立了一套严格的等级制度，把上帝当做绝对的权威，文学、艺术、哲学，一切都得依照基督教的经典《圣经》的教义，谁都不可违背。当时的思想政治教育内容包含于宗教、科学、文学、建筑、雕刻、哲学之中。教会学校产生，但只有地主享有受教育的权力。

从14—17世纪，西欧文艺复兴运动兴起，新兴资产阶级产生。文艺复兴的核心思想是人文主义。人文主义精神的核心是提倡人性，反对神性，主张人生的目的是追求现世的幸福，倡导个性解放，反对愚昧迷信的神学思想。学校思想政治教育与资产阶级宣扬的发财致富、追求幸福联系在一起。人们一方面研究古希腊、古罗马的文化；一方面从中汲取营养，开始以人为中心来观察问题，以人性代替神性，以世间的财富、艺术、爱情享受代替禁欲主义；重视人的价值，要求发挥人的聪明才智及创造性潜力，反对消极的无所作为的人生态度，提倡积极冒险精神；强调运用人的理智，反对盲从；要求发展个性，反对禁锢人性。在道德观念上要求放纵，反对自我克制；提倡"公民道德"，认为事业成功及发家致富是道德行为；等等。这时的思想政治教育融合到人文主义教育之中，如但丁的《神曲》、彼特拉克的《歌集》、薄伽丘的《十日谈》、莎士比亚的戏剧、达·芬奇的《最后的晚餐》等蕴含了丰富的思想政治教育思想。思想政治教育也与自然科学发展相联系，如哥白尼提出了"太阳中心说"，伽利略建立了落体定律等，为思想政治教育的发展创造了条件。

（二）近代西方国家的思想政治理论课

17世纪的英国资产阶级革命开辟了资本主义制度在全欧洲建立的道路，具有划时代的历史意义。

资本主义社会，由于机器大工业的出现，生产力水平的提高，科学技术的发展，客观上要求学校教育重视生产技术的传授以及敬业精神教育；另一方面资产阶级为了发展生产，适应自由竞争，也需要把自然科学、技术科学、专业训练、思想教育等列为学校教育的内容。随着社会生产、科学技术的飞速发展，世界各国在教学内容改革方面总的发展趋势是吸取新的科学技术成果，注重开发学生的智力和能力，要求学校教育由传授知识为主转移到以培养学生自学能力、创新能力为主。人们开始用理性的眼光观察社会生活。随着欧洲启蒙运动的发展，涌现出一大批人才，如：霍布斯、洛克、伏尔泰、孟德斯鸠、卢梭、狄德罗、梅叶等。

霍布斯和洛克是英国最早的启蒙思想家。霍布斯的代表作是《利维坦》，他一方面认为人们有保护自身自由的自然权利，而人的这种权利是平等的；人们要通过社会契约来约束和维护这种权利。另一方面，他认为国家也是人们通过社会契约而创造的，君权是人民授予的，这就剥掉了国家、君主所披挂的"神"的外衣。洛克的主要著作有《人类理解论》，认为人类是生而自由和平等的，具有生存权、自由权和财产私有权。霍布斯和洛克都提出了社会契约的思想。伏尔泰写了许多著作，他反对封建专制,反对宗教迷信,宣扬自由和平等的原则,主张人们在法律面前一律平等。孟德斯鸠明确提出了"三权分立"学说,特别强调法的功能。卢梭反对不平等,倡导"社会契约"和"人民主权"思想。他坚持自然神论,反对无神论。狄德罗以《百科全书》的编写和出版为中心,形成了法国启蒙运动的高潮,他认为迷信、成见和愚昧无知是人类的大敌,反对封建特权制度和天主教会,反对社会不平,向往合理的社会。梅叶反对私有制,主张建立共产主义公有制社会。

18世纪中叶,工业革命开始。这个革命最初是生产技术上的革新,它使机器代替了手工劳动,工厂代替了手工工场,给人们的日常生活和思想观念带来了巨大的变化。但它最终引起了社会关系的变革,使社会明显地分裂为两大对立的阶级——工业资产阶级和工业无产阶级,并深深地影响了近代以来的历史进程,致使从英国开始,而后在西欧和北美,社会面貌发生了极大的变化。19世纪早期出现了空想社会主义,19世纪中期诞生了科学共产主义。

这一时期,虽然国家没有在学校设立专门的思想政治理论课,但统治者都非常重视思想政治教育。第一,教育方法强调灌输和压制,如19世纪德国资产阶级教育家赫尔巴特强调教师的"权威",认为学生有一种"不驯服的强性",教师只有用"权威"去"压制"它、"克服"它,才能使学生服从自己。[1] 第二,教育目的确定为培养"绅士",17世纪英国教育家洛克提出"绅士"应具有"德行、智慧、礼仪和学问"以及"强健的体格",能够"精明而有预见地处理自己的事物"。[2] 第三,肯定了思想政治教育对人的作用和启发性方法。如17世纪英国哲学家洛克在《人类悟性论》中说:人的意识中没有先天的思想和观念,人在各方面所表现出来的才能完全是教育所赋予的。而法国启蒙学者卢梭认为:教师的责任,"不是交给孩子们以行为为准绳",而是"促使他们去发现这些准绳",做"指导孩子怎样做人"的"导师"。[3] 第四,主

---

[1] 张焕庭:《西方资产阶级教育论著选》,人民教育出版社1964年版,第257—260页。

[2] 同上,第79—87页。

[3] 卢梭:《爱弥儿(上卷)》,商务印书馆1983年版,第31页。

张教学的教育性。如赫尔巴特第一个提出"教育性的教学"的命题，指出："我不承认有任何无教育的教学。"[①] "教学如果没有进行道德教育，只是一种没有目的的手段；道德教育如果没有教学，就是一种失去了手段的目的。"[②] 17世纪捷克教育家夸美纽斯著书《大教学论》，系统研究课堂教学形式，发明了班级授课制，自此，课堂教学形式在欧洲普遍推行。

在资产阶级反对封建神权的时期，资产阶级思想家为了揭露封建专制制度扼杀人性、排斥自然，大力提倡人的价值、人的尊严，发展人的能力，认为自由、平等是人的自然本性，是不可剥夺的天赋权利。如：1776年7月4日，美国通过的《独立宣言》中提出：人人生而平等，人人都有生命权、自由权和追求幸福的权利。1789年法国通过的《人权宣言》宣称：人类是生而自由的并且在权利上平等的。自由、财产、安全和反抗压迫都是天赋的不可剥夺的人权，法律是人民普遍意志的表现，法律面前人人平等，私有财产不可侵犯。资产阶级思想家并由此提出包括德育在内的各方面教育的根本原则是遵循"儿童的自然本性"。

（三）现代西方国家的思想政治理论课

19世纪末的西方国家（这里主要指美国、英国、法国、德国等欧洲国家和美洲国家）已经进入到了资本主义发展阶段，在教学内容方面，主要宣传存在主义、新实证主义、弗洛伊德主义、新托马斯主义、现象学价值论、鲍波尔主义等。现代西方资产阶级都把人道主义、人格主义看作其政治思想基本原则。存在主义明确称自己是一种人道主义，强调以人为中心、尊重人的个性和自由，认为人是在无意义的宇宙中生活，人的存在本身也没有意义，但人可以在存在的基础上自我造就，活得精彩。存在主义最著名和最明确的倡议是："存在先于本质。"意思是说，除了人的生存之外没有天经地义的道德或体外的灵魂；道德和灵魂都是人在生存中创造出来的；人没有义务遵守某个道德标准或宗教信仰，人有选择的自由。新实证主义认为道德是人的愿望及其情感主义的

① 张焕庭：《西方资产阶级教育论著选》，人民教育出版社1964年版，第267页。
② 曹孚：《外国教育史》，人民教育出版社1979年版，第184页。

联想。弗洛伊德主义论证了"本我——自我——超我"的人格结构理论。新托马斯主义称自己是"基督教的人格主义的人道主义"，宣扬以上帝为核心、以教会为领导的世界主义，攻击历史唯物主义和辩证唯物主义，反对马克思主义的科学社会主义。现象学价值论把人道主义的精神和价值看成是永恒真理。不难发现，存在主义宣传的人道主义其实就是个人主义，新托马斯主义的人道主义是以神为中心的人道主义；现象学价值论的人道主义就是承认一种理念王国的自我价值；鲍威尔主义则公然诅咒共产主义，宣扬人道主义就是反对共产主义和集体主义。同时，现代西方资产阶级在对待人生态度上有一种非道德主义和虚无主义的倾向。存在主义对人生采取消极厌世主义和虚无主义态度。鲍威尔主义认为对劳动人民采取非道德主义比道德主义的态度好……可见，现代西方资产阶级一方面用抽象形态的道德说教来愚弄人民，另一方面用抽象形态的理论来表现自己，妄图挽救被灭亡的命运。①

现代西方资产阶级把思想政治观点看成是人的遗传所决定的。如：19 世纪末美国机能派心理学家詹姆斯把资本主义的掠夺、垄断、战争、杀戮等说成是人的天赋机能。美国行为主义心理学家桑戴克和实用主义者杜威把儿童的个性和才能归结为先天遗传。1968 年美国心理学家罗森塔尔的"皮革马莉翁效应"认为学生和教师的感情影响教学效果。俄国教育家乌申斯基认为，教学是教育的主要工具，"不应当让科学死板板地堆积在学生头脑中，而应当把各种科学所传授的知识和思想有机地联系起来，建立一个明哲的并且尽可能是广博的世界观和人生观"。美国心理学家布鲁纳提出发现法的教学方法，主张学生在教师的指导下，围绕一定的问题，根据教师和教材所提供的材料，积极思考，独立探索，自行发现，从而掌握概念、原理、法则。美国心理学家斯金纳提出了程序教学的思想，即根据程序编制者对教学过程的设想，把教材分解为许多小项目，按一定的逻辑顺序排列起来，编成程序教材。其中每一个项目都提出问题，要求学生做出解答反应或选择反应，然后给予正确

---

① 王继辉：《高职院校"思政课"教学法研究》，中国文史出版社 2005 年版，第 59 页。

的答案进行核对。提出要重视学生的思想品德教育，在小学、中学、大学都设置"公民"、"宗教"等课程，向学生灌输资产阶级的思想政治观点和道德规范。提出要重视课外活动的作用，如苏霍姆林斯基认为：课外活动能使学生的课余时间都充满生动的、触动思想的以及深刻的道德、理性和审美的感觉。肯定自我教育的作用，如苏霍姆林斯基说：只有能够激发学生去进行自我教育的教育，才是真正的教育。他还认为，不要把学校和学生的精神生活仅仅局限在掌握教学大纲所取得的成绩上。重视严格要求与尊重学生相结合，如苏联教育家马卡连柯说："我的基本原则——永远是尽量多地要求一个人，也要尽可能地尊重一个人。"①

综上所述，现代西方国家（这里主要指美国、英国、法国、德国等欧洲国家和美洲国家）的思想政治理论课的特点表现为：教学内容方面，宣传资产阶级世界观、人生观、价值观和社会历史观；教学方法方面，采用灌输与启发相结合，课堂理论教授与课外活动相结合；考试考核方面，采用文字考试与表现考核相结合。

第二节　高职院校思想政治理论课教学
面临的问题与挑战

高等职业技术教育是一种很独特的高等教育类型，它培养在生产、建设、管理、服务等方面第一线工作的高层次、实用型、技能型高级人才。高职院校作为培养高层次的面向世界、面向未来、面向现代化的扎根于生产、建设、管理、服务第一线的合格的劳动者的主阵地，不仅要求高职院校学生具有丰富的过硬的专业知识，而且要求他们树立正确的世界观、人生观和价值观。高职院校思想政治理论课承担着对大学生进

---

① 马卡连柯：《论共产主义教育》，人民教育出版社 1954 年版，第 400 页。

行马克思主义理论教育的任务，是对大学生进行思想政治教育的主渠道。充分发挥思想政治理论课的作用，对于帮助大学生树立正确的世界观、人生观和价值观，培养和造就德、智、体、美全面发展的社会主义建设者和接班人具有重要的作用。但从我国高职思想政治理论课的教学实践中可以看出，教学效果与预期目标还存在很大差距。

一、高职院校思想政治理论课教学中的问题

据调查，目前部分高职院校思想政治理论课的教学，仍以学生被动接收为主要特征。具体表现为：教学以教师讲授为主，学生通过自己的活动与实践来获得知识促进发展的很少；教学以外部灌输为主，学生通过自己查阅资料、集体讨论的很少；教学以教育者的"独打"为主，学生通过自己的观察、思考，体验感悟、发表见解的很少；等等。这必然导致高职院校思想政治理论课的教学难以脱离"重空洞说教、轻实践锻炼，重整体的一致性、轻个体的差异性，重教条、少创新"的范畴。课堂教学在一定程度上存在着"以课堂为中心，以教师为中心，以课本为中心"的情况，忽视学生的主体地位和主动性的发挥，忽视学生在创新精神、实践能力、复杂问题的判断能力、辨别是非善恶的能力、自我调控和自我教育的能力等方面的培养。

（一）传统性理念：视学生为思想政治理论课教学的受体

古往今来，教育一直被看作是对学生进行塑造与改造的使令性工作，漠视学生主体意识，不顾学生意愿，一厢情愿地把学生"修理"成社会需要的人才，学生主体意识淡薄。表现在教学活动中，则是重老师而不重学生，重管教而不重自觉，重画一而不重多样，老师既是编剧，又是导演，学生只是被动的参加者、教学的容器和旁观者。

（二）唯理性倾向：忽视学生主体活动的参与

传统的高职院校思想政治理论课教学以讲解——授受式为主，教师侧重将知识讲深讲透，轻视对方法分析和运用的引导；学生偏重对知识的记忆，轻视对知识的理解应用。这样的教学不仅损害了思想政治理论

课的形象，而且扼杀了教师和学生的创造力。所以，当我们直面当前的思想政治理论课教学时，不得不承认这一学科正处于一个尴尬的境地：高职思想政治理论课教学把培养学生良好的理论素养、思想觉悟和道德修养作为主要任务，在德育为先的背景下，它处于重要位置；但在学生心目中，并非如此。据调查，有相当一部分的学生将思想政治理论课列为最不喜欢的课程。"说教"、"枯燥"是学生们的普遍反映。原本的知识传授任务都很难完成，更遑论思维和能力培养和训练。

（三）封闭性教学：将学生圈于学校小课堂

传统的思想政治理论课是在一个相对封闭的教学环境中进行，把学生活跃的思维锁在了课堂。教师通过系统的理论体系，科学的安排教学，使得课堂顺利开展，教师具有更为丰富的知识体系和更高的权威。但信息化的发展，学生获取知识的渠道和方式是立体的、多样的，而不再局限于学校教育教学活动。社会上各种价值观念影响着学生，如何引导大学生深入了解与自己息息相关的社会政治、经济、文化生活的实际，切实提高大学生认识并参与现代社会生活，提高社会适应能力，以促进大学生知识、能力、态度、情感及价值观的和谐发展；如何培养大学生自主获取新知识和应用所学理论知识解决实际问题的能力；如何实现高职培养目标对学生的创新精神、反思意识、探究能力、职业素养的要求等，一系列的现实问题对学校小课堂提出极大的挑战。

（四）陈旧性观念：忽略教师的专业发展

传统的思想政治理论课教学仅仅要求教师具备相应的专业知识，"一本教材，一个教案，一支粉笔，一块黑板，一张嘴，便上讲台"。从书本中来，到书本中去，老师一个劲儿地说，学生一个劲儿地记。而伴随着我国经济发展方式转变和职业院校的发展转型，高职教育作为一种职前教育，强调以职业活动为导向，以能力为本位进行教学，培养适应社会主义市场经济建设需要，德、智、体、美全面发展，具有较为宽广基础理论及较强实践动手能力的生产、建设、管理与服务第一线的高素质应用型人才。即使学生具备一生职业发展与迁移所必需的相对完整的某一专业技术领域的知识、能力与素质，并尽可能的在人文素质、思维方法及终身学习能力等方面，为学生成就其人生的事业打好一定的基础。这对教师的专业素养提出了更高的要求，教师要立足教学实践创造性地解决问题，梳理经验，升华理论，构建起属于教师自己的理论体系，不断提升自我，成长为专家型教师。知识的更新、课程的变革、教育对象的变化、信息技术手段的现代化，都要求教师不断去实践和适应，树立终身发展的思想。而反思性教学实践是影响和制约教师专业发展和自我成长的核心因素。

（五）有效性缺失：思想政治理论课教学的最大困惑

当今的高职学生及其家长选择学校时，普遍考虑的是学习掌握一种技能，然后就业，他们求学和完成高职学业后的第一目的比较单一。因而有部分学生觉得职业专业课才有用，思想政治理论课可有可无。特别是近几年，大学生的就业压力逐渐增大，而就业的质量、层次又和大学生在校的专业成绩、工作能力等方面有直接联系，一方面刺激大学生更加注重专业学习，一定程度忽视思想政治理论课；另外一方面就业压力更加刺激了大学生个人利益观的膨胀，而思想政治理论课所讲授的公而忘私、先人后己等高尚价值观无疑与极端的个人主义价值观相对立，少部分大学生产生抵触情绪甚至嘲弄思想政治理论课的内容。有些人视良心为粪土，当老师向他们苦口婆心地讲解道德的作用和地位时，他们会反问：为什么社会上"为富不仁"的现象比比皆是？当老师向他们讲要做老实人，说老实话，办老实事时，他们又会问道：为什么吃亏的总是老实人？当老师向他们讲"民主、自由、公平、公正、公开"等价值追求时，他们反而会反问：为什么权钱色之间的交易屡禁不绝……再加上有些教师在教学中以讲解——授受式为主，热衷于"教教材"，尚不会"用教材教"，未能关注学生真实的、现实的、正在进行的生活，未能触及社会鲜活的现实，未能引导学生学会透过现象看本质，导致思想政治理论课"灌多悟少、训多情少、知多行少"，学生学到的知识很难转化为行动，思想政治理论课教学实效缺失严重。

二、高职院校思想政治理论课教学中存在问题的原因

在思想政治理论课教学中出现上述问题，是我们不愿意看到的。这些问题无疑是一盆冷水，给思想政治教育工作者当头一棒。为了避免上述现象泛滥成灾，这就要求我们要认真对待，加以研究，进而解决。

（一）客观环境：社会大环境带来的严峻挑战

1. 经济环境的负面影响

改革开放 30 多年以来，我国发生了翻天覆地的变化，解决了温饱问题，正在向全面的小康社会迈进。这一切得益于中国特色社会主义市场经济的建立和良好发展。随着社会主义市场经济的日趋成熟，我国的经济主体向多元化发展并由此催生了所有制结构、组织形式、就业方式、生活方式、利益关系和分配方式等方面的多样化，在总体上促进了中国社会经济的发展。但是，经济因素归根到底是要对社会思想意识起决定作用的。中国特色社会主义市场经济的发展和对外开放程度的加深，势必会对人们原有的思想观念、价值观念和生活方式带来冲击。人们的生活方式、行为方式、思维方式、心理感受的差异性加大，多样化增多。市场经济的本质特征是趋利性，社会成员在追求利益最大化的同时就不可避免地引发了一系列的社会问题和矛盾，热点难点问题逐渐增多，社会思想意识呈现出多元化和多样性的发展态势，个人主义、拜金主义、享乐主义等腐朽思想滋生，贪污腐败、贫富差距拉大、分配不公等现象较为普遍。

这些不良社会现象也侵蚀着校园，给高校教师和大学生的思想观念带来了强烈的冲击。一方面，社会主义市场经济所伴生的一些消极方面加强了人们对金钱的追求。"有钱好办事。"大学生将金钱和地位视为自己的奋斗目标，这必将导致一部分大学生的价值观发生扭曲，淡化了大学生的崇高理想与信念。另一方面，社会主义市场经济一味地以利益为追求目标，其求利特点也使大学生产生个人主义的倾向。不少学生在生活上追求物质利益、超前消费和高档享受。学习思想政治理论课无非是

挣得学分、获得文凭与谋取功利的一种手段。同时,部分大学生缺乏社会责任感,诚信意识淡薄,只追求眼前利益、局部利益而漠视长远利益和全局利益,这必然冲淡思想政治理论课教学效果。

2. 网络环境的复杂冲击

信息技术的发展与网络社会的崛起,不可避免地引发了学生学习态度、思维方式、行为模式、心理健康、价值取向和意识形态的巨大嬗变。思想政治理论课教学也随之面临挑战。"在改革开放的条件下,不可能把青年学生封闭在'温室'里,他们不可能不接触腐朽的丑恶的东西。这就增加了思想政治教育的复杂性和艰巨性。"[①] 网络是一把双刃剑,信息技术的迅速发展,互联网的广泛使用,使得信息的传播速度达到了全球同步的水平,使大学生形成了平等的观念、开放的意识、参与的心态等等。

90 后的大学生可以说是在网络的陪伴下成长的,其思想观念、思维模式、行为模式、价值取向等等都深深打上了网络的烙印。可以说他们是一个信息来源丰富,思想倾向复杂,独立性和多变性、差异性和可塑性明显增强的活跃群体,也是受到网络影响最大的群体之一。另一方面,网络的开放性、不可控性,提供了空间上无界限、时间上无限制、道德上无约束的宽松环境,90 后的大学生由于自身价值判断和选择能力还不成熟,极易受到良莠不齐、复杂多样的各类信息影响。在这种环境下,各种各样的极具自由度的信息以非常廉价的成本迅速传播,使得思想政治理论课的教学环境更为复杂。

诚如一位德国教育家说,过去我们把课程当作整个世界,现在我们要把整个世界当作课程。这就是要把课程和社会、生活等资源紧密结合起来,让生活走向课程,让生活走进课堂。将校内与校外教育相结合,将课内与课外教学相结合,将理论与实践相结合,真正使高职思想政治理论课教学贴近实际,贴近生活,贴近学生,这是新课程改革的一个期盼。

---

① 中共中央文献研究室编:《十六大以来重要文献选编(下)》,人民出版社 1988 年版,第 1412 页。

3. 社会上不正之风的消极影响

现实生活中的不正之风蔓延：一些人的道德行为失范；人剥削人、人压迫人的现象还或多或少地存在；老百姓办事还会遇到这样那样的阻挠和关卡；公款吃喝、公费旅游之风愈演愈烈；有些干部和群众之间的关系并不是那么水乳交融；"为人民服务"还没有真正成为国家机关的行动指南……社会上的不正之风也在大学生生活学习的校园中滋长。许多学生考试作弊、师生关系上的不正当功利趋向等不良风气成为客观存在的事实。由于大学生缺乏客观、全面、科学的分析和把握能力，并承受着社会消极现象的多重冲击，在强烈的反差下，遂对所接受的思想政治理论产生困惑，甚至产生强烈的叛逆意识。于是，对教师在思想政治理论课上所教授的内容产生了不听、不信、不服的心理。这些必然会严重消减高校思想政治理论课教学的实效。

4. 学校管理环境的认识误区

哈佛大学教授英格尔斯讲过一段意味深长的话："如果执行和运用这些现代制度的人，自身还没有从心理、思想、态度和行为方式都经历一个向现代化的转变，失败和畸形发展的悲剧结果是不可避免的。最完美的现代化制度和管理方式、最先进的技术工艺，也会在一群传统人手中变成废纸一堆。"①

目前，多数学校都能认识到高校思想政治理论课的重要性，信念坚定，认识到位，管理内行，支持力度大。但也有相当一部分学校，存在一部分问题：学校的管理者对思想政治理论课教学工作不够重视，错误地认为思想政治理论课是没有实质性作用的务虚的课程，而专业课教学才是务实和有价值的；许多高职院校片面地强调其重点专业和学科特色，突出对学生专业技术和专业技能的培养，而忽视了学生思想政治素质的提高，忽视了学生的德行教化。"学校的重视程度是影响思想政治理论课教育教学效果的重要因素之一。"② 这种来自高校管理层滞后的

---

① A.英格尔斯：《人的现代化》，四川人民出版社 1985 年版，第 4 页。
② 黄蓉生：《新世纪高校"两课"建设研究》，西南师范大学出版社 2002 年版，第 117 页。

教育理念表明：思想政治理论课教学的组织领导工作在部分领导者心目中的地位常常是"口头说起时重要、落实行动时次要、工作忙碌时不要"。这直接导致了思想政治理论课在一些高职院校的课程体系中始终处于边缘地位，学科建设缓慢。

学校是教书育人的地方，且有社会公益性，在维系学校的正常运转，保证教职员工的基本生活需要的前提下，不应像私人企业那样追求高利润，以盈利为唯一目的。可是近些年高校的扩招并轨，使得高校有许多的自主权，有的高校以各种名目向学生收取高额的所谓建校费、转学费、转系费、培训费等，致使学生不堪重负。而这些学校手持大量现金，建豪华办公楼，建高档员工家属楼，买豪华轿车，发高额奖金津贴，过去的清贫学校现如今成为名利双收的名利场，还美其名曰"知识就是金钱"、"高学历就是高回报"。高校的这种浮华风景搅动了世人的心境，乱了学生的方寸，影响了思想政治理论课的教学。

（二）教师视角：整体素质良莠不齐形成制约"瓶颈"

高素质的教师队伍是高质量的教学效果的基本条件。思想政治理论课教学不仅要有好的教材和完好的教学设施，更重要的是还要有一支"政治素质过硬，专业能力强，思想敏锐，能创新"的教师队伍。合格的思想政治理论课教师应该具备较高的政治素质、扎实的马克思主义理论知识、较强的科研与创新素质和广博的知识结构。客观地说，多数从事思想政治理论课教学的教师都能够积极地在教学中认真贯彻落实党的创新理论，从而受到广大学生的欢迎；但同时，思想政治理论课教师队伍中也普遍地存在着素质不高、本领不强的现象，制约着教学效果的提高。社科司司长杨光曾经指出："这几年高校思想政治理论课教学的薄弱环节中，教师是关键，又是瓶颈。"

高职院校是近几年出现的高等教育中的新形式，它基本上是通过三种方式组建而成：一是从普通高等专科学校转化而来；二是从中等专业学校、中等职业学校和中等技术学校升格而来；三是从一批民营高职院校在国家支持社会力量办学的政策下纷纷组建。所以大部分的高职院校思想政治理论课教师是由三部分组成：原先的中专政治理论课教师经过简单的资格认定转化而来；普通高等学校的思想政治理论课教师工作调动而来；普通高等学校毕业生尤其是一批在 1980 年后出生的研究生，也加入到高职院校思想政治理论课教师的队伍当中。80 后教师、90 后学生是目前高等学校思想政治理论课教学中一个值得注意的新现象，也是新特点。部分教师中存在的"学科本位"的教学思想及"中专延长"和"本科压缩"的观念仍占据重要地位，不利于高等职业教育的发展。部分教师任职后经历单一，缺乏必要的继续学习、培训，以及和同行间的交流，且工作量大，科研难搞，思想政治理论课教师知识老化、思想闭塞、教学科研同社会现实脱节等现象日渐突出。而 80 后教师尽管有着自己的诸多优势，但也存在着知识结构不合理，缺乏理论积淀，缺乏社会经验，缺乏教学能力与科研能力的弱项，因此对于思想活跃的 90 后学生提出的疑难问题和社会现实中的热点问题缺乏知识储备和理性思考，对于社会中的不良现象不能够进行有理有据的辩驳和剖析。这些现象的存在，必然直接地影响思想政治理论课教学的实效性。教学实施的过程中出现了部分不尽如人意的地方，具体表现在：

1. 自身的理论修养不够，理想信念不够坚定

卢梭认为："在敢于担当培养一个人的任务之前，自己就必须要造就成一个人，自己就必须是一个值得推崇的模范。"[1] 毛泽东同志曾一针见血地指出："没有正确的政治观念，就等于没有灵魂。"[2] 然而在一些高职院校中，少数教师由于自身理论修养不够，共产主义理想和信念动摇，对马克思主义、共产主义持怀疑态度，对建设有中国特色社会主义事业持怀疑或否定态度，对思想政治理论课教学重要性认识肤浅，甚至主张对其淡化；却对西方资产阶级意识形态加以推崇和赞扬、津津乐道，既不能潜心学习研究马列主义，更不能理直气壮地讲授马列主义，而是敷衍了事，抱着不得已而为之的心态对待教学工作。有的教师由于专业课教师的冷嘲热讽和排斥，自信心不足，做不到理直气壮地讲授马克思主义。以己之昏昏，如何使人昭昭，更不用说引导学生树立马克思

① 卢梭：《爱弥尔论教育（上卷）》，人民教育出版社 1985 年版，第 92 页。
② 《毛泽东著作选读（下册）》，人民出版社 1986 年版，第 780 页。

主义的信仰。

2．职业技能存在不足，教学与研究能力素质的欠缺

思想政治理论课是一门综合性、实践性都很强的应用性学科。"05方案"的实施，课程具有高度的整合性，如"思想道德修养与法律基础"由原来的"思想道德修养"与"法律基础"两门课程整合而成；"毛泽东思想概论"、"邓小平理论和'三个代表'重要思想概论"整合为"毛泽东思想、邓小平理论和'三个代表'重要思想概论"（现改名为"毛泽东思想和中国特色社会主义理论体系概论"）。这样高度的整合性对教师的专业素质、教师的知识结构提出了更高要求。思想政治理论课教师不仅要具有渊博的知识，熟练掌握马克思主义、毛泽东思想、邓小平理论和"三个代表"重要思想的精神实质，掌握党的建设和国际共产主义运动史等方面的基础理论知识，并且在教学的同时，要深入研究这些专业理论，吸收学术界最新的研究成果。同时还要具有丰富的辅助知识，如教育学、心理学、法学、伦理学、逻辑学等，只有这样教师才能在教学中更好地遵循教育规律和大学生心理发展规律等，从而更好地完成思想政治理论课教学。

一些思想政治理论课教师缺乏不断加强理论学习的修养，以更加全面、深刻掌握马克思主义理论的自觉意识，对马克思主义理论一知半解。有些思想政治理论课教师从来不看马克思主义的经典著作，仅凭在学校学到的马克思主义教科书打底，并没有真正读懂马克思主义，无法全面了解马克思主义的精髓，形成真知。不少思想政治理论课教师知识面狭窄，基础理论不够深厚，无法将自然科学、社会科学领域的新发现和新成就引入教学，也无法将教学内容与学生的生活实际相联系；在教学的过程中，要么照本宣科，要么理论脱离实际，不能很好地解决学生在现实生活中普遍关心的社会现实问题，没有很好地解答大学生人生观、价值观中的疑惑；不关注市场经济的变化发展规律，以及由此引发的各种新思想、新观点和新问题；不能结合大学生的思想实际以及改革开放和社会主义现代化建设的丰富实践，把理论教育与解决大学生关心的热点问题相结合；不能指导大学生逐步学会运用辩证唯物主义和历史

唯物主义的立场、观点和方法分析现实生活中的政治、经济、文化和道德现象，评判各种社会思潮……使理论变成干巴巴的毫无生气的教条，难以让学生充分感受思想政治理论课的理论魅力。有些教师的职业技能不足，仅仅把课堂当做传授知识的平台，忽视了在教学过程中对学生进行思想道德教育，割裂了"教书"和"育人"的关系；忽视了思想政治教育的规律，既不能正确引导学生处理政治理论与专业课学习之间的关系，也不能用教育教学规律指导自己的教学和学生的学习，因而降低了学生对思想理论课的认同感和教学的实际效果。

部分教师对待科研工作重视不够，参与不多，科研缺少积淀，科研基础差，科研能力弱。有些教师教学任务重，无暇顾及科研；有些教师怕苦怕累，缺乏刻苦钻研的精神。有些教师不愿了解学科前沿和社会现实，"别人怎么教，我也怎么教"的心理极为普遍，不能以科研促教学，使得教学只能停留在浅显的层面，分不清重点，讲不透疑点，解不开难点，这样更加强化了学生逆反和冷漠的心理。有的教师备课时间不充分、教学设计不合理甚至脱离大纲，抛弃原则；或者忽视教学方式方法的创新，教学形式单一，只是对学生进行空洞的说教，完全忽视了学生的主动性和创造性，致使教学缺乏说服力和感染力。有些教师对理论阐述较笼统，较学术化，学生听不懂。有的教师教学经验不足，备课不认真，教学语言平淡，艺术技巧等不够，缺乏课堂组织能力，直接影响了教学效果，从而也影响了学生们对马克思主义的信仰和对思想政治理论课的兴趣。

3. 价值取向有些倾斜，师德水平有所下降

联合国教科文组织指出："在教育青年不仅满怀信心去迎接未来，而且以坚定负责任的方式亲自建设未来方面，教师的贡献是至关重要的。"[①] 当前，一部分思想政治理论课教师受到社会环境带来的急功近利、追求实惠等思想的不良影响，片面追求个人利益最大化，一切以个人好恶为出发点，对己有利的事就做，于己不利的事就避开，对自己所

---

① 联合国教科文组织：《教育——财富蕴藏其中》，教育科学出版社 1996 年版，第 183 页。

从事的职业缺乏基本的职业责任感和道德感，仅仅把它看作是自己谋生的一个职业，在工作上缺乏热情，在专业上不求进取，在知识上不注重更新，而是过分地追求"自我实现"与经济上的实惠，身在课堂心在课外的现象屡见不鲜。

"其身正，不令而行；其身不正，虽令不从。"部分教师缺乏修养、师表意识淡薄，在学生面前不能严格要求自己，在课堂内外言行不一，说一套，做一套，不能以身作则，以身示范；对学生的错误言行漠然视之，任其滋生蔓延而不加教育和引导，影响了学生思想道德素质的提高，降低了思想政治理论课应有的影响力和说服力。这些教师的言行折射出育人意识的缺失，损害了教师队伍的整体形象，背离了社会主义的教育方针和为人师表的师德规范。

4. 创新素质不强，师生互动不足

1989 年联合国教科文组织在北京召开的国际教育会议，在探讨 21 世纪对人才质量要求时提出了教育必须实行"五个转变"的思想：一是从强调教育的统一性转变为强调创新性和革新精神；二是从重点培养竞争到重点培养合作；三是从强调民族的狭隘观念和忠诚观念转变为强调全球的观念和忠诚；四是从把知识分割过细、缺乏联系转变为强调知识的整体和综合运用知识解决实践问题的能力；五是从强调为个人私利而学习转变为强调为公众利益而学习。高职院校思想政治理论课教师在未来的发展中自然要适应这"五个转变"，培养创新能力。

当前，我国急需培养创造性人才，这就要求高校思想政治理论课教师也得与时俱进，注重自我创新素质和创新能力的提升。部分思想政治理论课教师的创新素质不强，课堂上不能熟练应用现代教育技术，谈不上尝试最前沿的教学模式，也不懂得创新对于思想政治理论课教学的重要性，这直接影响了大学生创新能力的塑造。

哈贝马斯指出："道德律应该是通过主体与主体之间的对话，人与人之间的对话方式建立起来的。"① 目前，部分思想政治理论课教师还

---

① 哈贝马斯：《道德意识和交往行为》，美因兹－法兰克福出版社 1983 年版，第 76 页。

在沿袭传统的完全单向的灌输方式，教学方法僵化，形式单一，不能在课堂中搭建平等的师生互动平台，教学活动缺乏民主和活力，学生始终处于被支配的地位，被动地接受教育，没有思考的余地，创新思维和探索精神得不到充分发挥，教学效果与预期目标还存在很大差距。

（三）学生视角：面临价值理性与工具理性的冲突

教学的主体是学生，思想政治理论课教学归根结底是要提高学生的综合素质。

高职学生的来源主要有三种，分别来自高中毕业生、中职毕业生、中学毕业生（五年制高职）。对五年制高职学生、来自中职的学生，各个学校普遍分别编排班级。有些学校因为来自中职和五年制高职的学生比较少，只能把他们与大多数来自高中的学生编排在一个班级。学生起点不同，良莠不齐综合素质迥异。有的热衷于或擅长于生活问题的分析，能把思维跳出自己狭隘的小圈圈，看到整个世界，看到过去和未来；而有的仅仅只关心自己和现在，只关心自己所选择的专业，根本不关心其他的问题；有的甚至连自己所选择的专业都认识不够，学习不认真……

在社会思潮和价值观念多元化的时代背景下，高职学生由于认识水平低，容易接受负面影响，在思想素质上呈现出复杂化和多样化的倾向，具体表现为：

1. 认识出现较大偏差，思想存在较大误区

许多学生认为自己花几万元来到高职院校就读不仅仅是买一纸文凭，而是要学到以后安身立命的真本领。这个想法本没有错，但在这一思想指导下，自然而然就会认为思想政治理论课既不能增加自己的能力，也不是什么谋生的必备本领，职业专业课才有用，思想政治理论课可有可无。尤其有些学生把思想政治理论课当成是国家思想钳制和思想专制的工具，他们认为："毛泽东思想和中国特色社会主义理论体系概论"纯粹是为中国共产党唱赞歌；"思想道德修养与法律基础"中，道德修养对人要求太高，几乎没有人能够做到，不学也罢；法律学了也改变不了有法不依、违法不究、执法不严的现状，不如不学；"形势与

政策"关我何事，学了没用……另一方面，高职院校的学生求学心态愈来愈复杂化，但又有一个简单的归途，那便是为了一个"钱"字，为了将来舒适的生活。少部分学生受社会上人们对市场经济的错误理解的影响，认为搞市场经济就是捞钱，有了钱就能搞定一切，金钱万能，因而拜金主义、实用主义、利己主义在学生们的头脑中滋长起来，导致一部分学生更看重自己所学的知识能否在就业及自身发展方面带来"附加值"；受社会上负面因素的影响，特别是受到社会上腐败现象的严重影响，在思想素质上呈现出复杂化和多样化的倾向，较为普遍地存在着政治意识弱化、理想信念模糊、价值体系混乱、是非观念淡漠、诚信意识缺乏等问题；一些学生对党和政府的信任、对马克思主义的信仰、对社会主义和共产主义的信念、对社会主义现代化建设事业的信心发生动摇；部分大学生深受功利主义、享乐主义、实用主义等腐朽思想感染，更加注重个人利益，以自我为中心，以实际效益作为衡量一切的标准，错误地认为思想政治理论课讲的都是一些大话、空话，解决不了自己的实际问题。这种价值理性与工具理性的错位造成了大学生的学习兴趣、学习能力以及自我教育能力的下降，引发了大学生思想行为和价值取向与所学理论的严重背离；"有用就学"，重专业课、轻基础课，重技能、轻德育、轻人文，特别是轻思想政治理论课，甚至把思想政治理论课看作是可有可无的课程。于是，在实际的教学过程中，上课注意力不集中，看与课堂内容无关的书籍、讲话、睡觉、玩手机、不认真学习、考试舞弊等情形不同程度地出现，从而直接影响高校思想政治理论课的教学效果。

2. 思想道德状况复杂化，价值判断多元化

目前的高职学生大多为 1990 年后出生，成长在改革开放的时代与环境中，他们中的许多人是穿名牌、用 ipod、吃麦当劳长大的，较富裕的物质生活、宽松的社会环境、丰富的文化资源、先进的实验设备，造就了他们强烈的自我意识、独立意识和积极活跃的创新意识与超前意识。与此同时，由于他们多为独生子女，中小学阶段为了应付中考、高考，一心只读"圣贤书"，一切事情均由家长代劳，致使他们独立生活

能力、自学能力、对挫折的承受力普遍较差，团结协作精神欠佳。进入大学后，在学习方面，学习目的和方式、方法都不同于中学；在生活上，一切都需要亲力亲为；在人际关系上，某些个性强的学生以自我为中心，不能设身处地地为他人着想。结果，适应力差的学生经常被孤独、不安、焦虑所困扰。有些学生入学时因高考失利情绪波动大，思想不稳定，理想与现实的反差造成了较大的心理挫折。一些学生进入高职后，缺少奋斗目标，失去了前进的目标和动力，对前途及就业前景感觉迷惘。而部分基础较差的学生升上高职后则满足于现状或无所谓等等。他们经历了高考独木桥的痛苦，面临扩招后就业带来的压力，不再拥有"天之骄子"的自豪；他们熟知网络，习惯在论坛上灌水，用 QQ 和 MSN 聊天，用博客表达自我；他们思想解放，个性独立，崇尚的是"我的地盘我做主"、"不走寻常路"，自我选择性极强，极少对某种价值观盲目认同，趋同意识很淡，喜欢自主展示思想，通过争论和碰撞形成观点，摸索新的思路。①

这样一代的大学生，生活不再是前辈生活的继续。传统的自上而下的文化传递模式被打破，传统和权威也遭遇到了前所未有的挑战。他们正在超越家长和学校而拥有更多的话语权，在语言、思维方式、行为习惯、道德观念和价值追求等方面与前代人有着明显的不同，尤其是思想道德状况更是趋于复杂化。整体而言他们对诚实守信、敬业奉献等是推崇的，道德价值取向也日趋成熟和稳定，但他们过于强调自我价值的实现，追逐自身价值、自身利益，导致在道德认知和道德实践上出现矛盾：一方面表现出较强的集体观念，另一方面却不愿意为集体损失自己的个人利益；一方面追求物质享受，另一方面渴望实现精神追求。他们开始抛弃非此即彼的思维方式，力图二者兼顾。一方面愿意为社会、为人民贡献力量，但另一方面也要求索取应该得到的报酬；一方面在学校接受了许多正面观点教育，树立了正确的价值观，另一方面看到社会上一些腐败现象又感到无所适从。这使许多大学生在价值观念上的困惑和

---

① 田豆豆：《面对"80 后"大学生，思想政治课应该怎么上》，《人民日报》2007 年 7 月 10 日。

矛盾明显增多，价值判断呈现多元化现象。

三、高职院校思想政治理论课实施反思性教学是时代的呼唤

通过对高职院校思想政治理论课教学中出现的问题及其原因的分析，可以看出，除了社会大环境带来的严峻挑战外，主要是教学主体和过程本身的问题，其中教师队伍整体素质良莠不齐形成制约高职院校政治理论课的"瓶颈"。

教学作为一项智力活动，需要教师不断进行反思和检讨。自 20 世纪 90 年代以来，随着我国教育界对反思性教学研究的不断深入，使反思性教学实践为导向的教育改革逐渐处于形成之中，这无疑为高职思想政治理论课实施反思性教学指明了方向，提供了理论研究方法，创造了深入实践的契机。

（一）强烈的时代性为反思性教学不断增添新内容

高职思想政治理论课具有强烈的时代性。《中共中央宣传部、教育部关于进一步加强和改进高等学校思想政治理论课的意见》中明确指出：本课程"坚持用发展着的马克思主义武装大学生，始终保持教育教学的正确方向；坚持理论联系实际，贴近实际、贴近生活、贴近学生；坚持开拓创新，不断改进教育教学的内容、形式和方法"，在课程具体内容的选择方面，抛弃了传统课程过于追求学科知识的系统性的弊端，代之以现实生活中常见的现象，如理想信念与大学生成长成才、科学对待人生环境、大学生与诚信道德、网络生活中的道德要求、大学生择业与创业、大学生的恋爱等课题。浓郁的时代气息，为教师与时俱进，学习新的教学理念、教学方法、教学策略，不断创造性地建构自己的知识，积极关注现实生活，以新的视角反思教学实践，实施反思性教学，源源不断地增添新的内容。

（二）显著的实践性为反思性教学拓展了广阔空间

《中共中央宣传部、教育部关于进一步加强和改进高等学校思想政治理论课的意见》中明确指出：本课程"要加强实践环节。要建立和完

善实践教学保障机制，探索实践育人的长效机制。围绕教学目标，制定大纲，规定学时，提供必要经费。加强组织和管理，把实践教学与社会调查、志愿服务、公益活动、专业课实习等结合起来，引导大学生走出校门，到基层去，到工农群众中去。要通过形式多样的实践教学活动，提高学生思想政治素质和观察分析社会现象的能力，深化教育教学的效果。"这表明高职思想政治理论课要切实加强实践环节，丰富教学内容。在教学内容的组织方面，教师要充分利用时事政治教育、党团活动、班级活动、志愿服务、公益活动、社会调查、参观访问、军事训练等实践活动，与课堂教学建立互补关系，使课程的实施面向学生的整个生活世界，形成网络式的教学系统，以利于学生主动参与教学过程，在实践活动中领会知识的功能，使学生在经历体验的过程中加深感悟理解并产生情感，建构知识，创造意义，发展能力。教学内容可从教科书扩展到所有学生关注的、有意义的题材，要创造让学生独立思考、合作探究的机会，为学生提供足够的选择空间和交流机会，能够从各自的特长和需求出发，根据知识内容所提供的信息主动经历观察、操作、讨论、质疑、反思、探究的过程，使学生体验到思想政治理论知识的有用性，获得发现问题——提出问题——解决问题的真实经验，富有个性地发表自己的见解，发展创新能力与实践能力。可以说，显著的实践性为反思性教学的实施拓展了广阔空间。

（三）丰富的课程资源为反思性教学提供了必要条件

随着素质教育改革的不断推进，课程资源的重要性日显突出。广义的课程资源是指一切有利于实现课程目标的各种因素，其范围非常广泛，按其呈现的方式不同，可分为文字与音像资源、人力资源、实物资源、信息化资源与实践活动资源等。丰富的课程资源为实施反思性教学提供了必要条件。高职思想政治理论课教材是最重要的文字资源，思想政治理论课教师是最重要的人力资源。在教学中，教师要以研究者的眼光，充分调用自身的教学经验和教学智慧，树立"大教材"观，确立"用教材教"甚至"用自己开发的教材教"的全新理念，灵动地使用教材，拓展教材，创造性地运用教材。同时，注意将教材与其他的各种课程资源如网络信息、图片、录音、录像、影视作品、参观、调查、访谈、时事政策、党团活动、班级活动、学校特色等合理整合，发挥取长补短的互补作用，凸显思想政治理论课的时代性、实践性，使思想政治理论课教学成为真正的"常青树"。而伴随着现代摄像机进入课堂，对教师的授课过程可进行完整的记录，这样，授课者就可在课后以旁观者的身份观看录像，发现教学中的不足和课堂上无法察觉到的缺陷，为进一步改进教学提供依据。学生通过观看录像，能对自己的学习态度、学习方法进行反思；教师同行也可以通过教学录像进行观摩和讨论，学会分析别人的成功与不足的原因，为反思自己的教学行为提供新的视角和启示。

（四）教师的专业发展为反思性教学创造了实践契机

"教育大计，教师为本。"高职院校思想政治理论课教学质量的提高关键在教师，教师是教学的主导，因而思想政治理论课教师必须不断更新观念，不断设计新的教学方案，不断思考学生的接受程度，不断采用新的教学方法和教学手段。总之，思想政治理论课教师必须不断地提高自身综合素质，促进自身的专业成长和发展。

从 20 世纪 80 年代以来，教师专业发展日益成为人们关注的焦点和教育改革的热点。许多教育学者认为，教师专业发展的程度直接影响到教育改革的结果。推动教师专业发展的途径有很多，如教师的行动研究、教育科研、教师培训、反思性教学、叙事研究等等。"教师成长和发展的第一步，就在于教师自身的反思、教师自身对自身的评价和教师自身的自我改造。"[①] 可以说，反思性教学是推动教师专业发展的一个重要途径。美国心理学家波斯纳提出了教师成长公式："成长＝经验＋反思"。我国学者林崇德教授也提出了"优秀教师＝教育过程＋反思"。这两个公式表明，教师的成长是在日常教育教学经验反思的基础上进行的。相反，如果一个教师仅仅满足于获得经验而没有对经验进行深入的

---

① 张华：《反思性教学的反思》，《内蒙古师范大学学报（基础教育）》教科版，2005 年，第 10 期。

思考，不把经验上升到理性认识的高度，那么，即使是有"20年的教学经验，也许只是一年工作的20次重复；除非……善于从经验反思中吸取教益，否则就不能有什么改进"①。可想而知，如果一名教师在教育教学中没有反思的意识与习惯，他的专业技能要想获得成长，几乎是不可能的。"反思是教师之所以成为专业教师的核心所在。对于教师教育、监督和开发的建构应该可以使这种明确的反思以更加实用、更加彻底的方式进行。"②

当教师把审视的目光投向自己的教育教学活动轨道的时候，就意味着对"旧我"所包含的教育理念和行为的扬弃，也意味着对未来发展图景的规划，这是一种自我超越和发展。因此，教师专业发展核心在实践，在于课堂教学，在于反思性教学。反思性教学是时代的迫切呼唤，其内在的批判性是促使教师专业持续提升的核心要素。而教师的专业成长和发展也推动和促进了反思性教学的开展。

第三节　反思性教学的起源与发展

美国心理学家波斯纳（G. J. Posner）曾十分简洁地提出了教师成长的规律："经验＋反思＝成长"，并指出，没有反思的经验是狭隘的经验，至多只能形成肤浅的知识；教师如果仅仅满足于获得经验而不对经验进行深入的思考，其发展将大受限制。

一、反思性教学思想渊源

反思性教学是在人们对"反思"的探讨不断反思深入的基础上形成的。反思性教学思想的早期研究可以追溯到中国古代教育家孔子。《论

① 王琛译：《怎样成为优秀教师》，《外语教育动态》1983年，第1期。
② 靳玉乐：《反思教学》，四川出版集团、四川教育出版社2006年版，第82页。

语》中"吾日三省吾身"、"见贤思齐焉，见不贤而内自省也"、"见其过而自讼者也"等至理名言都强调了反思在道德修养中的作用。《学记》强调："学然后知不足，教然后知困。知不足，然后能自反也；知困，然后能自强也。"即是从教学方面提出反思在教学相长中的作用。

西方近代哲学中的反思，也指"反省"、"反映"。起先在哲学领域内对反思探索的代表人物是洛克和斯宾诺莎。

1690年，英国哲学家、教育思想家洛克在《人类理解论》中最早提出"反思"的概念。他认为"人类所有的思想和观念都来自或反映了人类的感官经验"。他认为人的心灵开始时就像一张白纸，而向它提供精神内容的是经验（即他所谓的观念）。观念分为两种：感觉的观念和反思的观念。感觉来源于感官感受外部世界，而反思则来自于心灵观察本身。换句话说，反思或反省是人心对自身活动的注意和知觉，是知识的来源之一；人通过反省心灵的活动和活动方式，获得关于它们的观念，如知觉、思维、怀疑、信仰的观念等。

荷兰哲学家斯宾诺莎认为，反思是认识真理的比较高级的方式。斯宾诺莎的反思主要着眼点是既得"真观念"的理性升华。

比较洛克和斯宾诺莎的观点，我们不难发现，斯宾诺莎所说的反思和洛克所关注的反思就主要方面来说是相同的，不同之处在于洛克的反思是把思维活动作为反思对象，主要侧重于人的观念的来源，而斯宾诺莎的反思是把思维所得的结果作为反思对象。

德国著名哲学家黑格尔的《逻辑学》中认为反思是一种追求本质、发现规律的过程。卡尔与凯米斯则从三个层次来论述他们关于反思的观点。他们认为：在第一层次上，反思的问题在于有效实现既定目标；在第二层次上，反思的问题包括假说、价值观以及由行为组成的结果；在第三层次上，批判或解放的层次，反思的问题包括伦理的、社会的和政治的问题，关键是组织与社会可能压抑个人行动自由或限制他们行为的权力。

1904年，美国哲学家、教育家杜威最先将反思引入教学领域。杜威对反思在教学中的作用的重视，主要反映在其名著《我们如何思维》

（*How we think*）一书中。他认为反思是"对任何信念或假定的知识形
式，根据支持它的基础和它趋于达到的进一步结论而进行的积极的、坚
持不懈的和仔细的考虑"[①]。从杜威的描述中，我们发现，反思首先是
人的一种高层次的思维活动；其次，反思具有特定的对象，不仅可以
体现个体意识的自觉性，而且还能反映个体一定的反思能力。由此我
们可以看出，杜威不但把获得反思习惯和反思技巧看作是教师自身教
育的根本目的之一，同时也把反思品质培养看作是提高教学质量和教
学效益的有效途径之一，强调了将反思思维内化为自身知识能力结构
的重要性和必要性。反思就是我们所尝试的事和所发生的结果之间的
关系。

杜威还提出了反思型思维五步说。这五步分别是：（1）感觉到的困
难；（2）困难的所在和界定；（3）对不同解决办法的设想；（4）运用推
理对设想的意义所作的发挥；（5）进一步的观察和实验，它引导到肯定
或否定，即得出可信还是不可信的结论。相应地把教学过程也分为五个
阶段（即教学五步）。在此基础上，杜威认为，反思既是内隐的思维活
动，又是外显的探究行为。作为一种"考虑"，它是内隐的；作为进行
"探索、搜集、探究的行为"，它是外显的。

而反思性教学这一术语的正式出现，主要得益于美国学者斯冈
1983 年发表的著作《反思实践者：专业人员在行动中如何思考》一书。
在书中，斯冈把反思性教学描述为教师从自己的教学经验中学习的过
程，认为反思性教学的问世是对将教学改革简单地贴上成功或失败标签
的超越。斯冈的著述引发了人们对教学性质的激烈争论。自此，反思性
教学在世界范围内的影响不断扩大。

到 20 世纪 80 年代，世界各国在改革和寻求教师职业发展和成长、
以取得更好教学效益的过程中，反思性教学因其具有将"学会教学"
（learning how to teach）与"学会学习"（learning how to learn）结合
起来的教育实践合理性，有助于转变教师的教学方式，注重通过提高教

[①] 杜威：《我们怎样思维》，姜文闵译，人民教育出版社 1991 年版，第 2 页。

师质量来提高教育质量，代表了一种不同于常规教学的教学理念，而迅速流行和发展起来。

受到杜威的影响，美国麻省理工学院的教授唐纳德·萧恩（Donald Schon）首次明确提出反思性实践这个概念，并研究了反思性实践的操作过程。他在著作《反思性实践者》（1983年）中系统阐述了自己对反思及反思性实践的理解。他认为反思有两种时间框架。一种是反思可能发生在行动前和行动后，这就是"对行动的反思"。在教学中，"对行动的反思"发生在课前备课、对课堂教学的思考和教学设计上，发生在课后对课堂发生的一切的思考中。另一种是反思也可能发生在行动过程中，即实践者试图提出和解决当时的问题。在他看来，教师在日常的教学实践中总是在本能地运用一些教育理论和教育经验做事，这些知识被称为内隐理论，教师事先并没有经常仔细思考为什么这样做。反思就是要使教师学会如何将自己的内隐理论归纳、总结、外化发展为显性的理论。在教学时，教师经常会碰到出乎意料的反应和问题，总是要考虑这些反应以调整教学。这就是萧恩的"在行动中的反思"。在行动中反思和对行动的反思是反思性实践者运用的生理机制，并允许他们通过实践经验不断学习和发展。萧恩认为，反思性实践者既对行动也在行动过程中反思。他认为："在教学中，'对行动的反思'不仅会发生在课前对课堂教学实践活动的设计和备课上，也会发生在上完课后对整个教学过程的思考中，同样反思也可能发生在教学过程中。"① 特别是当教育工作者在进行课堂教学时，也经常会发生与学生在教学活动中展开友好对话。正如我们在教学时，会经常碰到出乎教师课堂预设之外的课堂生成。基于教学主体地位的体现，我们总是要考虑同学们对知识教学的反应，并以此来调整我们的教学，顺应学生发展的认知。

1992年，英国的两位教师教育者格里菲斯（Morewena Grimths）与坦恩（Sarah Tann）提出了超越萧恩二分法的五种反思维度构架。他们认为，教师是以不同速度和知觉水平反复从事着行动、观察、分析和

---

① 卢真金：《反思性教学及其历史发展》，《全球教育展望（外国教育资料）》2001年，第2期。

计划这一循环活动的。反思的五个维度是：快速反思、修正、回顾、探究、理论的重构和重建。教师在批判性地验证自己的实践理论的同时，也在按照一般的学术标准来衡量这些理论。这些研究能帮助教师更好地了解实践，解决问题；同时，对实践的反思也促进和丰富了他们对学术理论意义的理解。格里菲斯和坦恩所构建的五种反思维度更为全面地提炼和扩展了萧恩的"在行动过程中反思和对行动的反思的"思想，从而可以使人们的反思行为更为具体，更具有操作性。

二、西方反思性教学流派与模型

近年来，许多学者在杜威、斯冈、萧恩等的思想理论基础上进行探索与实践，由于理论支撑与思考、研究角度的不同，对反思性教学的理解上，又出现了"批判分析说"、"定向反思说"、"层次划分说"、"种类区分说"等流派，同时，也开发出了一些富有特色、有效的教学模型，如"埃拜模型"、"爱德华兹—布朗托模型"、"拉博斯凯模型"等。

（一）反思性教学的流派

1. 批判分析说

美国教育家维拉（L. M. Villar）从教学主体自我解剖的过程角度来论述反思性教学。他认为："反思性教学是教师借助发展逻辑推理的技能和仔细推敲的判断以及支持反思的态度进行的批判性分析的过程。"[①]

2. 定向反思说

伯莱克（J. Berlak）则通过说明反思来阐述反思性教学。他认为"反思是立足于自我之外的批判地考察自己的行动及情境的能力。使用这种能力的目的是为了促进努力思考以职业知识而不是以习惯、传统和冲动的简单作用为基础的令人信服的行动。这样的反思性定向包括：把

---

① 转引自熊川武：《反思性教学》，华东师范大学出版社 1999 年版，第 1 页。

理论或以认识为基础的经验同实践联系起来；分析自己的教学和以实现改革为目的的学校情境；从多种角度审视情境；把机动方案当作自己的行动和自己行动的结果；理解教学的广泛的社会和道德的基础。"①

3. 层次划分说

加拿大教育家麦伦（V. Manen）对反思性教学进行层次和要素分析。他认为反思性教学有三个层次：第一个层次主要反思课堂情境中各种技能和技术的有效性；第二个层次主要针对课堂实践基础的假说和特定的策略以及课程的结果；第三个层次主要针对道德的和伦理的以及其他直接的或间接的与课堂教学有关的规范性标准。

4. 种类区分说

美国教育家布鲁巴赫（J. W. Brubacher）等学者则从时间维度认为反思性教育教学实践可分为三类：一是"对实践的反思"（reflection-on-practice）；二是"实践中反思"（reflection-in-practice）；三是"为实践反思"（reflection-for-practice）。"对实践的反思"是指反思发生在教育教学实践之后，"实践中反思"指的是反思发生在实践的过程中，而"为实践反思"则是前两种反思的预期结果，即"实践后反思"与"实践中反思"的目的，最终是要形成超前性反思的良好习惯。

推敲起来，这些观点都能给人一定的启发，但又各有不足。如维拉的观点主要强调理性因素的作用，但视野较窄；伯莱克强调了伦理道德方面的问题，但忽视了时间和过程；麦伦把反思性教学的技术和理论基础以及伦理道德等问题统一起来认识，但也没有注意时间问题；布鲁巴赫考虑了过程，但忘记了反思的具体内容。

综上所述，不同的研究者在反思性教学上的界定存在分歧，主要是各自的理论立场和视角不同。不管关注者的思想倾向如何，都在追逐和发掘反思性教学实践的意义和本真。

---

① 转引自熊川武：《反思性教学》，华东师范大学出版社1999年版，第1页。

（二）反思性教学的模型

1. 埃拜模型

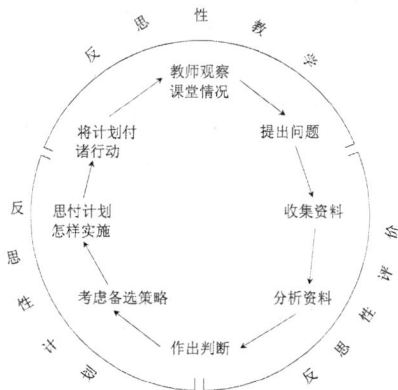

图1　埃拜反思性教学模型

从上面的模型可以看出，此模型由两个层面构成：第一层面由反思性计划、反思性教学和反思性评价构成；第二层面由教师观察课堂情况、提出问题、收集资料、分析资料、作出判断、考虑备选策略、思忖计划怎样实施和将计划付诸行动等环节构成。两个层面是相互关联的。显然，根据埃拜（J. W. Eby）模型，反思性教学有广义与狭义之分。广义的反思性教学（即第一层面的反思性教学）不仅指课堂行为（狭义的反思性教学即第二层面的反思性教学），还包括课前的计划与课后的评价。反思性计划是相对起点，反思性评价是相对终点。反思型教师制订计划，通常出于其职业道德、责任心、爱心等对以前的教学工作做出判断，如"关注学生的感情不够"；然后从解决这个问题出发考虑备选策略，设计将教学计划变成现实的各种方法与手段，确定适合学生和课堂具体情况的策略以及完整的实施方案。接着进入课堂教学环节，即反思性教学就是将反思性计划付诸行动——落实在课堂教学中。在此过程中，教师不仅要传授知识，引导学生发展各种技能，而且要察言观色，审时度势，及时发现新情况，思考与处理教学情境中各种突发事件。若发现了情况，要有针对性地提出问题，如"什么是错的？""我能做什么?""我怎样改进?"等，并采取有力措施改进教学。课堂教学结束，进入评价环节。反思性评价首先要收集关于教学的客观资料和主观信息，通常采用作业检查、问卷调查、访谈或听取学生的意见等方法。在对收集到的资料与信息进行分析处理的基础上，作出事实与价值判断，到达相对终点。于是一个反思性教学周期结束。如果需要，再进入新的反思性教学周期。由此可以看出，这一模型中，广义的反思性教学是由反思性计划、反思性教学、反思性评价三个阶段构成的一个不断循环、螺旋上升的过程，当三个阶段达到一个相对终点（即完成一个反思周期），并从一个相对终点螺旋上升到另一个相对终点时，教师的反思性教学能力就上升到一个新的水平。

2. 爱德华兹-布朗托模型

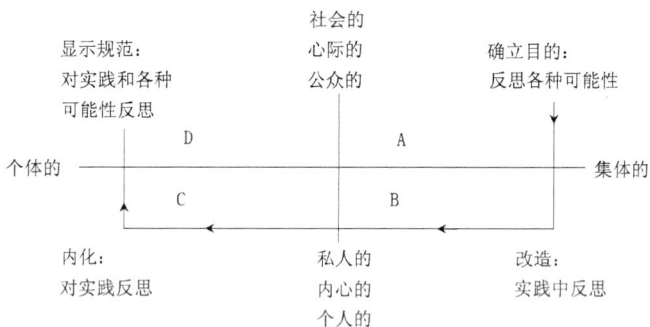

图 2　爱德华兹-布朗托反思性教学模型

爱德华兹（A. Edwards）与布朗托（D. Brunton）模型说明，反思性教学主要在四个象限运作：A 象限是社会的、心际的、公众的和集体的层面；B 象限代表由集体的层面向私人的、个人的、内心的层面的转化过程；C 象限表示在私人的、个人的、内心的层面中内化；D 象限显示出由个体的层面向社会的、心际的、公众的层面的升华。具体来说，在 A 象限，反思性教学主体（教师）的主要任务是确定社会、集体层面上的教学目的和任务，并思考在实现目的的过程中存在的多种可能性。B 象限意味着教学实践已经开始，此时教学主体根据自己内心的体验反思集体情境下教学目的与手段的适宜程度，如果不如人意，则作必要的改造。在 C 象限，作为个体的教学主体，立足整体教学实践的大背景，深刻体会在 B 象限获得的具体的教学感受。进入 D 象限时，教学主体的主要任务是将个人获得的感受外化出来，使之融入社会规范体系。此时，教学主体（教师）要超越个人的局限性，与其他反思性教学的参与者（如研究人员）从公众和社会的层面在对教学实践和未来的各种可能性进行反思，为下一周期的反思性教学目的的确定提供参考或依据。从整体上看，A 与 D 象限代表教学的社会层面，B 与 C 象限代表私人层面；A 与 B 代表集体层面，C 与 D 代表个体层面。当处于社会层面时，教学主体的反思以社会要求和利益为参照。处于私人层面时，个人的经验往往介入反思。因此反思活动不断由社会层面深入到私人层面，又从私人层面上升到社会层面，同时，反思有时发生在集体情境中，有时出现在个别条件下，在群体认识与个体认识的转换中深入。从该模型可以看出，教师的反思性教学主要在两个层面上进行，第一层面是社会的、公众的、集体的层面。在此层面，教师和专家或研究人员对宏观的、规范性的、导向性的各种可能进行对话、反思。第二层面是私人的、内心的层面，即教师个人在反思性教学实践中，一边进行个人反思，一边将第一层面中的集体智慧的结果运用到自己的教学实践中。

3. 拉博斯凯模型

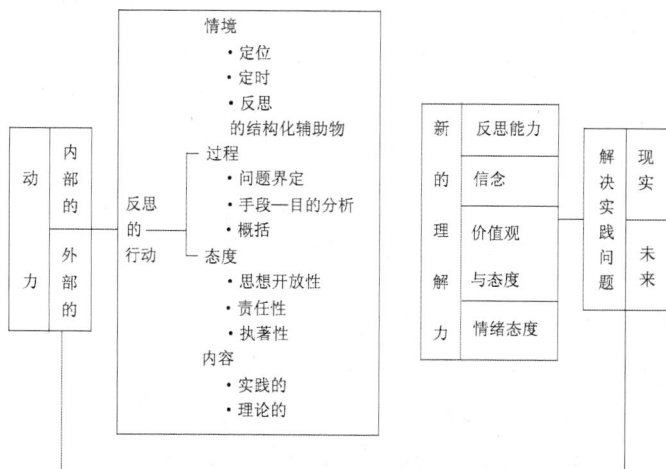

图 3　拉博斯凯反思性教学模型

拉博斯凯（V. K. Laboskcy）模型表明，反思性教学主要包括三个部分：一是动力（动机形成阶段），二是行动（进行反思阶段），三是结果（解决问题阶段）。在反思的动机作用下，教师采取反思的行动。反思的行动总是处于特定的情境中（定位、定时、结构化辅助物），并与具体内容相联系。反思的内容主要有实践的与理论的，或者是两者融为一体的。反思不同的内容，需要有不同的情境。在初步确定反思情境与内容后，反思过程启动。首先是发现并明确问题（问题界定），接着从要解决的问题（目的）出发思考可利用的手段（手段——目的分析），并归纳出解决问题的带规律性的原则。在反思过程中，对教学主体（教师）态度也有所要求，即思想的开放性、强烈的责任心和对事业追求的执著性。反思性教学的结果是教师的"新的理解力"的形成。新的理解力主要有四个方面的内涵：改进了的采取反思行动的能力；变化了的关于课程、教材或教学等领域的信念；进一步澄清了的教学什么是重要的态度和价值观；改善了的教师的情绪状态或品质。总之，新的理解力是教师得到提高的标志，为解决现实的或未来的教学问题打下了基础。解决实践问题是该模型的最终目的。

4. 布鲁巴切尔模型

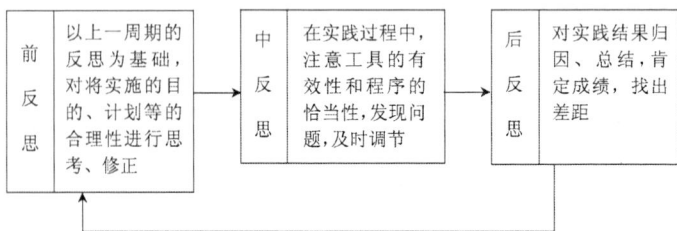

图 4　布鲁巴切尔模型

布鲁巴切尔等人从时间维度分析反思性教学，认为反思性教学实践由为实践反思（即前反思：reflection for practice）、实践中反思（即中反思：reflection in practice）和对实践后反思（即后反思：reflection on practice）三部分组成。其中，为实践反思（前反思）即以上一周期的反思为基础，对即将实施的教学实践的目的与计划等的合理性进行思考，并作必要修正。实践中反思（中反思）即在实践过程中进行反思，注意工具的有效性和程序的恰当性，发现问题，及时调节。对实践反思（后反思）侧重对实践结果进行总结，找出成功和不足之处，归结出不足的原因，以便为下一周期的反思活动提供前提或动因。后反思的结果成为下次前反思的前提之一。可见这是一个周而复始的循环发展过程，前反思、中反思和后反思三个阶段构成了一个反思性教学的周期，前反思是这一周期的相对起点，中反思是这一周期的主体阶段，后反思是这一周期的相对终点；每一周期的反思性教学的相对起点都以上一周期的相对终点中出现的问题为基础，前一周期的结束意味着为下一周期的开始做好了准备，前一周期的完成是进行下一个循环的必要前提，只有这样，存在于教学之中的问题才会尽可能地被发现、挖掘、探讨、分析和解决。

这些模型因设计者对反思性教学的认识差异和不同的理论基础而各显特色。埃拜模型以杜威的反思理论和柯尔伯格的道德理论为基础；爱德华兹-布朗托模型的理论根据是维果茨基的学习理论和近些年来比较流行的行动研究理论；拉博斯凯模型虽博采众长，但主要立足于杜威与布鲁姆等人的理论；布鲁巴切尔模型以萧恩对反思性教学的独到见解为其理论基础。因理论根据等方面的不同导致模型差异，不足为怪。不过，在实质上，它们是一致的：发现问题——探讨研究——解决问题，在发展学生的同时实现教师自身的提高。

三、反思性教学思想在中国的新发展

20世纪90年代，随着我国教学改革实验的蓬勃发展，反思性教学引入我国，并引起教学理论界和实践界的浓厚兴趣。

北京师范大学发展心理研究所的辛涛在《清华大学教育研究》1998年第3期发表的《教师反思研究述评》一文中把反思性教学作为一个完整的概念，分四个部分，即教师反思或反省性教学的含义、教师反思能

力的发展阶段、提高教师反思水平的策略、反思研究的价值与存在的问题，进行了较为系统的介绍和评论。他把"reflective teaching"译成"反省性教学"。① 因此，他算是公开系统介绍"反思性教学"的第一人。②

在参考和借鉴国外有关反思性教学的理论和实践的基础上，华东师范大学教授熊川武对其进行了深入的研究，提出有关反思性教学的理论。他所著的《反思性教学》一书，以教学实践合理性的研究为切入口，对反思性教学的历史发展、文化背景、西方流行的几种模型作了详尽的介绍，阐述了反思性教学合理性的相互联系的三个方面：主体合理性、目的合理性、工具合理性，同时对反思性教学的完整过程进行了描述。书中强调了这样几点：1. 教学主体地位是确证的，而不是"恩赐"的。2. 教学目的受制于教育目的，反映社会成员在教学上的需要。教育目的转化为教学目的，使社会需要成为教师与学生的需要。教学目的与教学客体、教学内容、教学方法不断协调，达成一致，从而形成教学整体的合理性。3. 教学工具有理论工具和实践工具，如何用之得体，相得益彰。这种理论在教学实践上，为教师提供了新的思考和研究的思路，启发教师在教学中进行反思，把自己锻炼成为学者型教师，从而改变凭经验教学或简单重复教学的现象。总而言之，熊川武教授以教学实践合理性的研究为切入口，叙述反思性教学实践的积极意义，尝试构建了符合我国实际的反思性教学理论体系和实践模型，从理论上进一步丰富和完善反思性教学思想，为我国教学实践提供宝贵的理论经验。但同时他也提出了关于反思性教学的困惑：一是关于反思的时间；二是关于反思的程度；三是关于反思的质量。这些困惑都有待解决。

其次，西南大学的靳玉乐教授在其主编的《反思教学》（2006）一书中提道：反思教学是新课程倡导的崭新教学方式；反思精神是促进人类文明发展的重要动力。他从新课程教学方式改革的角度进一步阐述了反思性教学的理论和实践。靳教授针对基础教育的教学实际，结合大量典型的案例分析，提出了反思教学的具体实施策略和教学实践，使反思

---

① 辛涛：《教师反思研究述评》，《清华大学教育研究》1998 年，第 3 期。
② 卢真金：《反思性教学研究评述》，《浙江教育学院学报》2007 年，第 5 期。

性教学在形式和内容上更具体，更可操作。

另外，浙江教育学院的卢真金教授、东北师范大学全国中小学继续教育研究中心的饶从满、王春光教授和广西玉林市教育学院的陈向阳老师等也分别就"反思性实践是教师专业发展的重要举措"、"反思型教师与教师教育运动"和"反思性教学的环节、变量与功能"等问题作了探索和研究。

随着我国基础教育改革的发展，反思性教学正在从一种认识变成一种实践，步入到中小学的教育教学行为中，成为学校教学管理和校本培训中的一项重要内容。有些地方或学校如江苏省苏州、浙江省杭州等把反思性教学理论与语文、数学、外语、生物、历史等学科教学实践结合进行探讨，积累了较为丰富的实践经验。

综上所述，目前，反思性教学在我国的研究仍处于引介和探索阶段，特别是对高职院校思想政治理论课的反思性教学这方面的研究更是微乎其微。

第二章　深思：反思性教学的理论基础

　　反思性教学的兴起不仅源于反思性文化的出现，而且是心理学的发展、教学理论研究的深化，是反思性文化在教学领域里的反映，是教学主体进一步自觉的象征，是"基于教师和学生最大利益的一种真正有效的教学"，以实现师生的共同进步为目的，是优秀教学的标志，因而越来越受到国内外教育界人士的重视。支持和指导反思性教学的基本理论非常多，而元认知心理学理论、建构主义理论、人本主义学习理论、内隐理论、经验主义哲学、批判教育学思想和行动研究理论对反思性教学思想的发展具有特别重要的意义。

第一节　元认知理论

　　从心理学方面来讲，元认知理论是反思性教学的心理学基础。它更关注的是人的认知过程和因素。

一、元认知理论概述

（一）元认知的概念

元认知（metacognition）又译反审认知或反省认知，是美国心理学家弗拉维尔（J. H. Flavell）于 20 世纪 70 年代提出的。它是人们关于自身认知过程、结果或与它们有关的一切事物，如与信息或材料有关的学习特征的认识，是个体在认识活动中将自己的认知活动作为意识对象，不断积极地对其进行监视、控制和调节以迅速达到预定目标的活动。简而言之，就是对认知的认知，也就是人对自己学习、思维等活动的自我觉察、自我监控和自我调节，是自我意识高度发展的结果。

（二）国外对元认知理论的研究

科学心理学的创始人冯特特别强调自我观察的重要性，他指出："心理学的解释只有借助于自我观察才有成功的可能。"其后，奥地利的布伦塔诺主张，心理学的研究对象不是心理内容，而是心理活动或意动。因而，他提出反省法，即在思维之后立即回忆刚刚思维的过程是怎样进行的。随后，欧洲心理学家就采用内省法研究人的心理，并认为，人的心理不仅可以意识到，而且能用语言报告出来，这就是元认知思想的萌芽。[①]

20 世纪 70 年代，美国心理学家弗拉维尔在总结前人理论的基础上首次提出元认知理论。按照弗拉维尔的观点，元认知是以各种认知活动的某一方面作为其对象或对其加以调节的知识或认知活动。[②] 元认知就是对认知的认识，是对认知本身进行反思，具体包括三方面的内容：元认知知识、元认知体验和元认知监控能力。

元认知知识，就是有关认知的知识，即人们对什么因素影响人的元

---

① 靳玉乐：《反思教学》，四川出版集团、四川教育出版社 2006 年版，第 52—53 页。

② 弗拉维尔（J. H. Flavell）：《认知发展》，邓赐平、刘明译，华东师范大学出版社 2002 年版，第 235 页。

认知活动的过程与结果，这些因素是如何起作用的，它们之间又是怎样相互作用的等问题的认识。①

元认知知识是反思的基础，也是反思的对象，主要包括以下三类知识：一是与自己认知风格、能力等有关的知识，如关于教师自身的认知类型、学科知识、教学能力等方面的知识，这类知识是通过对自己的认知的认识获得的。二是有关认知材料、认知目标和任务等方面的知识，如对高职思想政治理论课教学材料及任务等方面的认知的知识，包括对思想政治理论课的特点及其本质的认识、对高职思想政治理论课教学的特点的认识、对高职思想政治理论课培养目标及教学目标的认识，以及对达成教学目标的主要影响因素的认识。三是关于认知策略方面的知识，即在教学过程中应采取何种策略，如何使用策略，使教学效果达到最优的知识，这类知识是在综合分析教学中各种相关因素及存在背景而获得的。

元认知体验是主体在元认知活动中获得的认知体验和情感体验，②如当教师反思自己的教学活动并意识到自己的教学目标是否合理，教学方法是否恰当，教学效果是否明显时，获得肯定或否定的认知体验，同时相伴的便是情感体验。如当教师看到学生积极参与教学，便会满怀信心；如看到在自己的点拨下学生毫无反应，沮丧之感便会油然而生。元认知体验特别容易发生在能激起高度自觉的思维活动的场合，在这种情况下，通过自己的深思熟虑，能提供更多机会去思考和体验自己的思维，③而这种深思熟虑，意味着不断反思自己的认知，随时改正自己的缺点和不足。

元认知监控就是在元认知活动中，把自己正在进行的认知活动作为意识对象，不断地、积极地对其进行监视、控制和调节。它主要包括以下几方面：（1）制订计划。根据认知活动的特定目标，在一项认知活动之前计划各种活动，预计结果，选择策略，构想出各种解决问题的可能

① 董奇：《论元认知》，《北京师范大学学报（社科版）》1989年，第1期。
② 熊川武：《反思性教学》，华东师范大学出版社1999年版，第51页。
③ 郑君文、张恩华：《数学学习论》，广西教育出版社1996年版，第132页。

方法，并预估其有效性。（2）实际控制。在认知活动进行的实际过程中，及时评价、反馈认知活动进行的各种情况，发现认知活动中存在的不足，并据此及时修正、调整认知策略。（3）检查结果。根据有效性标准评价各种认知行动策略的效果，根据认知目标评价认知活动的结果，正确估计自己达到认知目标的程度水平。（4）采取补救措施。根据对认知活动结果的检查，发现问题，采取相应的补救措施等。

在具体的认知活动中，元认知知识、元认知体验和元认知监控虽然相对独立，实则是相互联系、相互制约的一个整体。元认知知识是元认知监控的理论指导，又在元认知监控中得到丰富和升华；元认知体验是推动元认知监控的力量并强化元认知知识；元认知监控通过元认知知识和元认知体验的交互作用来实现。三个方面相互作用，循环往复，三者动态有机的结合即构成元认知。

1984年，布朗（A. Brown）与巴克（L. Baker）提出他们对元认知的看法：所谓元认知是"个人对认知领域的知识和控制"。布朗认为元认知包含两大成分：关于认知的知识和对认知的调节。关于认知的知识是个体关于他自己的认知资源及学习者与学习情境之相容性的知识，即个体关于自己的认知能力、认知策略等的知识。对认知的调节是指一个主动的学习者在力图解决问题的过程中所使用的调节机制，包括计划、检查、监测、检验等。

比较而言，布朗和弗拉维尔都关注到元认知的知识，不过前者主要倾向于把元认知看作是一个动态的过程。[1]

派瑞斯（Paris）在元认知深入研究的基础上，提出了自己的观点，他认为，元认知包含两类成分：一是关于认知的自我评定知识（self-appraised knowledge cognition），二是思维的自我管理（self-management of one's thinking）。前者包括陈述性知识（对命题的了解）、程序性知识（如何操作与应用技巧）、条件性知识（知道何时和为什么使用策略）这三类；后者包括评估、计划和调整。[2]

---

[1]　靳玉乐：《反思教学》，四川出版集团、四川教育出版社2006年版，第55页。

[2]　同上。

斯滕伯格（Sternberg）通过对元认知和认知的比较，把认知过程分为元成分、操作成分和知识习得成分。元成分能够激活操作成分和知识习得成分，而操作成分和知识习得成分则通过元成分的中介活动间接地相应激活信息传递过程。[①]

20世纪90年代中期以来，元认知理论的发展有了新的特点：一是元认知的内涵不断扩宽，如在教育心理学领域，鲍克威斯基将动机信念和有关自我知识纳入元认知体系。二是元认知加工机制研究不断深入，如在认知心理学领域，尼尔森（Nelson）等人提出了模型，将人的信息加工分为两个相互关联的水平：元水平和客体水平。元水平动态评估当前情况，受内省的指导；客体水平包括个体的动作、行为和对当前情景外部状态的描述。在此基础上，元认知加工被分为监控和控制两个过程：监控指客体水平的信息反映到元水平；控制指元水平对客体水平的调节。[②]

（三）我国对元认知理论的研究

在我国，真正对元认知进行科学研究只有几十年历史。当代著名心理学大师朱智贤教授在《儿童心理学》（1962）一书中，曾对于儿童自我意识、自我评价的发生、发展和作用作了深刻的分析。20世纪末，我国的一些研究者开始探索元认知的理论和应用：国内学者张庆林把元认知解释为一个人对自己的认知加工过程的自我觉察、自我评价和自我调节。[③] 董奇教授在《论元认知》一文中，对元认知思想的历史演变进行了详细的梳理，对元认知的实质和作用作了充分的阐释，元认知被视作是"认知的认知"、"知道如何知道"，其实质是"个体对自己的认知活动的自我意识的自我控制"。[④] 此后，国内其他学者对元认知进一步深入研究。如俞国良、张雅明等人在将国外一些有关元认知的观点整合

---

① 金勇：《论元认知和智力的相互关系》，《心理科学》2001年，第24期。

② 靳玉乐：《反思教学》，四川出版集团、四川教育出版社2006年版，第56页。

③ 张庆林：《当代认知心理学在教学中的应用》，西南师范大学出版社1995年版，第23页。

④ 董奇：《论元认知》，《北京师范大学学报（哲社版）》1989年，第1期。

之后认为，元认知是个体在学习过程中主动控制认知过程的高层次思维，它包括两类成分：一类是静态成分，分为知识和动机信念。知识从内容上包括：有关人、任务和策略方面的知识。知识从性质上，可划分为陈述性知识、条件性知识和程序性知识。动机信念主要包括自我效能、归隐信念等。另一类是动态成分，主要指元认知监测和控制。在元认知监测中，信息从客体水平流向元水平；在元认知控制过程中，信息则从元水平流向客体水平。两类成分相辅相成，不可或缺。[①]

除理论方面的探究之外，更多的研究者关心元认知在实践领域的应用。如胡志海等研究了"大学生的元认知与非智力因素"，认为在元认知整体水平上存在着显著的性别差异：女生优于男生。龙毅提出"利用元认知理论发展学生思维能力"的构想，并给出了两条建议：第一条，教师向学生提出明确的反思任务；第二条，教师应创设情境让学生尽可能地获得由不知到知的体验，让学生通过自己的思考来学习。人们在研究后形成共识，元认知对于人的智力、思维活动有着监控和调节的功能，在教学实践中起到了很大的作用，尤其是在培养学生爱学会学、避免厌学等方面具有现实意义和实践价值。

元认知理论的形成以及在国内外的不断发展，深化并拓展了反思的观念。元认知从心理机制的层面对个体的反思进行了深入的分析，不仅使反思的内涵与步骤更加清晰，更易理解和掌握，更重要的是，元认知的研究使得反思由昔日单纯的心理现象变成一种实践行为，直接在实际过程中发挥着作用。[②]

二、元认知理论对反思性教学的指导意义

现代教学论指出，教学过程是师生交往、积极互动、共同发展的过程。在反思性教学中，既要使教师学会教，又要让学生学会学，元认知理论具有重要的指导意义。

---

① 俞国良、张雅明：《元认知理论与学习不良儿童研究》，《教育研究》2004 年，第 11 期。
② 熊川武：《反思性教学》，华东师范大学出版社 1999 年版，第 52 页。

元认知理论认为人能有效控制自己的思维活动和学习过程。教师的教学活动从本质上说就是一种认知活动，每一位教师都有自己特定的关于教学的观念和规则，都存在对教学活动和学生发展的"内隐理论"。每个教师都是教学活动的"理论家"，都有对教学过程本身的独特的认识，正是这种独特的认识决定了他们的课堂行为和对其行为进行什么样的自我调节。所以，元认知作为一种认知能力对教师的教学过程起着重要的作用：教师把自己的教学活动本身作为认识对象，对其进行监控和调节。教师对教学过程自我监控和调节就是一种反思。因此，教师对教学的自觉的反思过程就是一种内隐的元认知的过程，或者说，元认知是教师反思能力的重要组成部分。[①] 在教学的反思过程中，元认知知识是基础，可以使教师意识到教学情况中有哪些变量，如意识到自己的认知过程，教学能力水平，学生的认知差异，教学的目的、任务，可供选择的教学方法；同时，意识到这些变量之间的关系及它们的变化情况。元认知监控是核心要素，在某种意义上说，对教学的反思就是元认知监控，它使教师在教学过程中自觉分析教学情境，提出与教学有关的问题和制订教学计划，选择适宜的教学方法；维持良好的注意、情绪、动机状态；监控教学行为、教学策略；在教学活动中不断地进行自我反馈，及时发现问题，并主动地改进、纠正和调节，从而提高教学活动的效果和效率。元认知体验伴随着整个教学过程，如困惑或失败的体验可使教师放弃或修正教学方法，紧张体验可使教师寻求紧张的原因，从而调整自己的行为，进一步改进教学活动。所以说，对教学过程的反思就是教师以一定的元认知知识为基础，对自己的教学活动进行认知监控的过程。

在反思性教学中，提高学生的反思能力是学生学会学习的关键。而反思能力是以元认知知识、元认知体验以及元认知监控为基础形成的，元认知知识是进行元认知监控的前提条件，是产生元认知体验的因素，同时又是元认知体验的结果。通过元认知体验，可以对元认知知识加以

---

① 李玉荣：《元认知与反思型教师的培养》，《大连教育学院学报》2001 年，第 3 期。

修改、补充，不断丰富元认知知识。元认知体验有助于对认知活动进行监控，有利于激活策略和方法，但也可能因困难、失败的体验而放弃认知任务。因而元认知体验是最活跃的成分，教学中要创设有利于学生产生元认知体验的问题情境，让学生在体验中提高反思能力。因此，针对当前高职学生的元认知特点，在思想政治理论课教学中对传统的教学模式从教学内容到教学方式的选择与设置进行调整与改进，把元认知理论应用于课堂教学的各个环节，培养学生的元认知能力，改善其元认知结构，对开发学生智力，解决"如何教会学生学习"及"如何提高元认知能力"等均有重要意义。

第二节　建构主义理论

建构主义是 20 世纪 80 年代美国教育界提出的一个新的理论。其代表人物主要有：皮亚杰（Piaget）、科恩伯格（Kernberg）、斯滕伯格（Sternberg）、卡茨（Katz）、维果茨基（Vogotsgy）。

一、建构主义理论概述

（一）建构主义的由来与发展

建构主义（constructivism）也译作结构主义，是由瑞士心理学家皮亚杰最早提出来的。皮亚杰认为，个体是在与周围环境相互作用的过程中，逐步建构起关于外部世界的知识，从而使自身认知结构得到发展。个体与环境的相互作用涉及两个基本过程："同化"与"顺应"。同化是指个体把外界刺激所提供的信息整合到自己原有的认知结构内的过程；顺应是指个体的认知结构因外部刺激的影响而发生改变的过程。可见，同化是认知结构数量的扩充，而顺应则是认知结构性质的改变。认知个体就是通过同化与顺应这两种形式来达到与周围环境的平衡。也就是说，个体的认知结构是通过同化与顺应过程逐步建构起来，并在"平衡——不平衡——新的平衡"的循环中得到不断的丰富、提高和发展。

现代建构主义主要是吸收了杜威的经验主义和皮亚杰的结构主义与发生认识论等思想，并在总结 20 世纪 60 年代以来的各种教育改革方案的经验基础上演变和发展起来的。①

20 世纪 70 年代末，以布鲁纳为首的美国教育心理学家将前苏联教育心理学家维果斯基的思想介绍到美国，对建构主义思想的发展起了极大的推动作用。维果斯基在心理发展上强调社会文化历史的作用，特别是强调活动和社会交往在人的高级心理机能发展中的突出作用。一方面，高级的心理机能来源于外部动作的内化，这种内化不仅通过教学，也通过日常生活、游戏和劳动等来实现。另一方面，内在智力动作也外化为实际动作，使主观见之于客观。内化与外化的桥梁便是人的活动。所有这些都对当今的建构主义者有很大的影响。

（二）建构主义的主要观点

建构主义的主要观点集中体现在其知识观、学习观、学生观、教师观和教学观上。

1. 知识观

建构主义者强调，知识并不是对现实的准确表征，它只不过是人们对客观世界的一种解释、一种假设或假说，它并不是问题的最终答案。相反，它会随着人类的进步而不断地变革、升华和改写，并随之出现新的解释和假设。建构主义认为，知识不可能以实体的形式存在于具体的个体之外，尽管我们通过语言符号赋予了知识一定的外在形式，甚至这些命题还得到普遍的认可，但这并不意味着学习者会对这些命题有同样的理解，因为这些理解只能由个体基于自己的经验背景而建构起来，它取决于特定情境下的学习历程。按照这种观点，课本知识只是一种关于各种现象的较为可靠的假设，而不是解释现实的"模板"。科学知识包含真理性，但不是绝对正确的最终答案，它只是对现实的一种更可能正

---

① 张奠宙：《数学教育研究导引》，江苏教育出版社 1998 年版，第 368 页。

确的解释。

2. 学习观

建构主义者认为，学习不是由教师把知识简单地传递给学生，而是学习者主动地建构知识的过程，它不仅包括结构性的知识，还包括大量非结构性的经验背景。学习者是信息意义的主动建构者，这种建构不可能由其他人代替。建构包含两方面的含义：（1）对新信息的理解是通过运用已有经验，超越所提供的信息而建构成的；（2）从记忆系统中所提取的信息本身，也要按具体情况进行建构，而不单是提取。建构一方面是对新信息意义的建构，同时又包括对原有经验的改造和重组。学习者以自己的方式建构对事物的理解，从而不同人看到事物的不同方面，不存在唯一标准的理解。但是，通过学习者的合作可以使理解更加丰富和全面。建构主义者强调学习的主动建构性、社会互动性和情境性。教师与学生之间、学生与学生之间的协作和会话是意义建构的具体过程，而意义学习则是建构主义学习的目的。

3. 学生观

建构主义者强调，学生不是外部刺激的被动接受者和被灌输的对象，而是信息意义的主动建构者。学生并不是空着脑袋进入学习情境的，他们在日常生活中，在以往的学习中，已经形成了丰富的经验背景，小到身边的衣食住行，大到宇宙、星体的运行，从自然现象到社会生活，他们几乎都有自己的一些看法。教学不能无视这些经验而另起炉灶，从外部简单强硬地填灌新知识，而是要把学习者现有的知识经验作为新知识的生长点，引导学习者从现有的知识经验中，不断建构出新的知识经验。学生要从多方面发挥主观能动性，积极地探索，不断地学习，在社会性的互动与相互协商过程中积累知识经验。

4. 教师观

在建构主义者看来，教师不是知识的简单载体，不仅仅对知识进行精确的传递与灌输。教师是教学过程的指导者与组织者，意义建构的促进者和帮助者；是学生学习的辅导者和支持者，是"真实"学习环境的设计者。教师引导学生在学习过程中对知识进行有意义的积极建构，引导学生主动搜集和分析有关的信息资料，利用自己已有的知识经验认真思考，对所学问题提出各种假设并努力加以验证，使学习对于每个学习者都具有个人的和社会的意义，从而最大限度地激发学习的内驱力，使学习真正有效，并不断促进学生思维能力的发展。

5. 教学观

由于知识的动态性和相对性以及学习的建构过程，教学不再是传递客观而确定的现成知识，而是激发出学生原有的相关知识经验，促进知识经验的"生长"，促进学生的知识建构活动，以促进知识经验的重新组织、转换和改造。教学要为学生创设理想的学习环境，学习环境包括"情境"、"协作"、"会话"等要素。情境必须有利于学生对所学内容的意义建构。协作发生在学习过程的始终。学习小组的成员之间必须通过会话协商共同完成学习任务。在这一过程中，教师和学生是互动关系，教师给予学生引导和帮助，教师同样可在教学中吸收到许多新的信息，达到教学相长的目的；学习者借助一定的社会文化背景或者环境，借助他人（包括教师和学习伙伴）的帮助，利用必要的学习资料，通过意义建构的方式获得了知识。

（三）建构主义的主要学习特征①

1. 积极的学习

建构主义认为，学习应该是积极的，强调学习者在学习活动中的积极作用，学习者是主动的、积极的知识探究者。因为当学生为了用有意义的方式学习教材而对输入的信息进行加工，他们必须做一定的事。

2. 建构性的学习

建构主义认为，学习是建构性的，学生在探究、学习中，总是在已有的知识基础上，以自己的方式理解世界，从而获得具有独特意义的

---

① 杨文明编著：《高职项目教学理论与行动研究》，科学出版社 2008 年版，第 17—18 页。

知识。

3. 累积性的学习

建构主义认为，学习是累积性的，任何学习都建立在先前学习的基础之上的或在某种程度上利用以前的学习；知识的累积是一个必然的过程，但这不是知识的简单堆积或知识的量变，而是对原有知识的深化、突破、超越和质变。

4. 目标指引的学习

建构主义的学习是目标定向的，因为只有学习者清晰地意识到自己的工作目标并形成与获得所希望的成果相应的预期时，学习才可能是成功的。在建构主义的学习中，学生之所以主动积极，是因为学习者感受到问题而受到刺激，因此为自己设定了目标。换言之，学习的目标不是从外部、由他人确定的，而是形成于学习过程的内部，由学习者自己设定的。这些目标也是学习者建构学习的一部分。显然，这些目标如同灯塔一样起着整体的导向作用，在动态的学习过程中应鼓励学习者确立自己的目标，通过不同的途径达到目标并评定自己在达到目标过程中获得的进步。

5. 诊断性学习与反思性学习

学习者结合自己的贮备知识，在学习过程中对自己的学习进行了自我监控、自我测试、自我检查和自我分析等，以诊断和反思他们在学习中所追求的是否是自己设置的目标。显然，诊断与反思是建构主义学习评价的重要组成部分。通过诊断和反思，更好地根据学习者的需要和不断变化的情况修改和提炼自己的学习策略，促进学习者不断进步。

二、建构主义对反思性教学的启示

反思性教学是建构主义教育教学观点的具体体现。建构主义对于反思性教学的开展具有重要的意义。

（一）建构主义是对传统课程和教学理论的巨大挑战

按照建构主义的观点来看，课本知识在被个体接受之前，它对个体来说是毫无权威可言的，不能用科学家、教师、课本的权威来压服学生。课本知识只是一种关于某种现象的较为可靠的解释或假设。科学知识有真理性，但绝不是绝对正确的最终答案。随着人们认识程度的深入，知识会被进一步革新，必将出现更真实的解释。这就要求人们对从前人那里获得的知识保持批判的心态，不断反思原来的认识，提出并发展更加完善的知识。

（二）反思性教学是知识经验的重构过程

建构主义的教学观认为，教学不是由外向内的信息输入过程，不是知识由教师向学生的传递过程。教学不是仅仅把知识装进学习者的头脑中，更重要的是要引导学习者对问题进行分析和思考，从而把知识变成自己的"学识"，变成自己的"主见"、自己的"思想"。同时，学习者并不是空着脑袋走进教室的，而是有一定的知识经验。学习者不仅是理解和记忆新知识，而且要以他们的经验为背景来分析所得信息的合理性、有效性，反思是必要的途径，学习过程不是简单的信息输入、存储和提取，而是新旧知识经验之间的双向互动的过程，即同化和顺应过程。这意味着学习并不简单是为了知道某种知识，它并不只以知识的理解和记忆为目的，还需要学习者对知识做出自己的分析和检验，所以学习不仅是新知识的获得，而且意味着对自身知识经验的调整和改造，即在不断反思中对原有经验和认识进行审视、修正。在反思中，被认为正确的成分或内容，其意义不断被加强；被认为是理解有偏差的成分或内容，其意义逐渐被完善；而被甄别为错误的，则被纠正或抛弃。在这个过程中，反思也是意义建构中一个不可缺少的能动环节，是在接纳新知识与过去旧经验理论认识间进行调和的过程，是一种认知的重构过程。

（三）反思性教学促进反思性学习

建构主义核心特征之一是明确提出了反思性学习，即学习者在学习过程中必须不断判断考察自身进展与目标之间的差距，反思自己对知识的理解程度，思考如何采取各种增进理解和帮助思考的策略，并使反思成为建构学习中审视建构过程的一面镜子。它所呈现的是动态的、持续的学习者的学习过程和学习者的进步，以便使学习者根据学习的需要和变化的情况修正自身的学习行为。

（四）反思性教学提倡对话与合作

建构主义强调"建构活动的社会性"，即社会交往以及社会文化环境对于人类主体建构知识的重要意义。个体主观意义的建构离不开与其他社会成员的协商。在不断的交往与协商过程中，个体经验的片面性得到了弥补，并且在知识的客观部分达成了与他人的共识，这也是人的社会性得以发展的心理基础。因而主张教师与教师、教师与学生、学生与学生之间进行丰富多方面的交流、讨论、对话或合作解决问题，提倡合作学习。这也是为反思性教学提供了一个非常好的建议，即每个教师、学生都有自己的经验世界，不同教师、学生对同一问题可能形成不同假设和推论。每个教师、学生的认识都可能有局限，鼓励师生在交流、对话中促进他们认识到不同观点，促进他们反思自身认识的不足之处，在交流、对话中学习，不断激发师生思维，并丰富自身的认知结构。

（五）反思性教学是教师专业发展的有效途径

建构主义理论强调知识的相对性和动态性，强调学习过程中学习者基于原有的认知结构和经验背景对新知识的主动建构。教师原有的知识不可能成为亘古不变的法则，知识的更新有赖于教师的学习和反思。教师工作的对象是充满生命力的、千差万别的活的个体，传授的内容是不断发展变化着的人文、科学知识，这就决定了教师要以一种变化发展的态度来对待自己的工作对象、工作内容，要不断学习，不断反思，不断创新。反思的主体是教师，教师反思意识的形成是教师成长与发展的有效性得以保证的前提，即客观的要求必须经过主体的内化进而转化为主体的积极行动。美国心理学家波斯纳提出了教师成长的公式：成长＝经验＋反思。我国著名心理学家林崇德也提出"优秀的教师＝教学过程＋反思"。如果一个教师仅仅满足于获得经验而不对经验进行深入的思考，那么，即使是有"20年的教学经验，也许只是一年工作的 20 次重复；除非善于从经验反思中吸取教益，否则就不可能有什么改进"[1]。只有

---

① 斯坦托姆：《怎样成为优秀教师》，《比较教育研究》1983 年，第 1 期。

反思才能促进教师走出困境，促进其专业化发展。"反思性教学的目的既要教会学生'学会学习'，又要教会教师'学会教学'"；"反思性教学不仅要求完成教学任务，而且要求教师本人在教学中得到提高。"①

第三节　人本主义学习理论

人本主义心理学是 20 世纪 60 年代初在美国兴起的一种心理学思潮。其主要代表人物是马斯洛（Maslow）和罗杰斯（Rogers）。

一、人本主义学习理论的主要观点

（一）人本主义学习观

1. 人类生来就有学习的潜能

人本主义心理学的基本观点是强调学习中人的价值，强调人都有发展的潜能，而且都有发挥潜能的内在倾向，即自我实现。

2. 尊重学习者

他们认为学习论的基本原则是必须尊重学习者，把学习者视为学习活动的主体，必须重视学习者的意愿、情感、需要和价值观；要相信学习者都有自我教育，并最终达到"自我实现"的能力。

3. 重视对学习过程的学习

罗杰斯主张学会学习，认为要想学会学习，必须重视对学习过程的学习。他认为学习是学习者在相当大的范围内自行选择学习材料、自行安排适合于自己学习情境的一种自主自决、自我实现、自我发展的过程。当学习者自己选择学习方向，参与发现自己的学习资源，阐述自己

_____

① 　熊川武：《反思性教学》，华东师范大学出版社 1999 年版，第 137 页。

的问题，决定自己的行动路线，自己承担选择的后果时，就会促进学习。

4. 强调自我评价

罗杰斯指出，创造性才能只有在自由的氛围中才能得到发挥。如果以创造性研究为目标，那么，外部评价大多是无效的。学生以自我评价为主、他人评价为辅时，其独立性、创造性和自主性就会得到促进。教师和家长要给学生机会自己判断，允许他犯错误，而且还要让他自己评价这些选择和判断的结果；教师和家长可以提供信息和行为的参考方式，而不是将自己的看法强加给他们。

5. 在动态的、开放的环境中学习

罗杰斯认为，封闭的、静止的学习过程在历史上有过它的生存期，但传统的学习方式已不能适应急剧变化的、开放的新时代的要求，新的、富有挑战性的学习始终是必需的。

（二）人本主义教学观

人本主义的教学观是建立在其学习观的基础之上的。

1. 教师的任务

人本主义者认为，教师的任务不是教学生学习知识，也不是教学生如何学习，而是为学生提供各种学习的资源，提供一种促进学习的气氛，让学生自己决定如何学习。为此，罗杰斯对传统教育进行了猛烈地批判。他认为，在传统教育中，"教师是知识的拥有者，而学生只是被动的接受者；教师可以通过演讲、考试甚至嘲弄等方式来支配学生的学习，而学生无所适从；教师是权力的拥有者，而学生只是服从者"。因此，罗杰斯主张废除"教师"这一角色，代之以"学习的促进者"。

2. 以学生为中心

人本主义者认为，教学应以学生为中心，真正体现出学生的主体地位，教师则是学生学习的促进者，是"助产士"和"催化剂"。教师应致力于创设一个良好、和谐、气氛适宜的学习环境，教师要引导学生发现所学知识的意义，建立并维持能有效促进学习的心理气氛。要尊重学习者的主观能动性和创新意识，注重对学生的情感、态度和价值观的培养，促进健全人格的发展。

3. 真诚、信任和理解的原则

罗杰斯认为，自我实现是教学的目标，教学过程要让学生自由发展。为了使学生在自由发展中自我实现，他对教师提出了三条基本要求：（1）以真诚的态度对待学生，去掉一切"假面具"；（2）给学生以充分的信任，相信他们能够充分发展自己的潜能；（3）尊重和理解学生的内心世界。[①]

二、人本主义学习理论对反思性教学的指导意义

（一）人本主义从尊重和发挥学习者的主动性和学习潜能，相信师生自我教育的积极作用方面肯定了反思性教学的价值

反思是教学主体的自主行为，是教学主体从自身出发对自己的教与学实践活动进行的审视和决断。它要求教学主体发挥自身的主观能动性，同时相信自我力量在教学活动中的主导作用。在对教学的主动反思中，师生的主动性能够得到体现，师生所具有的学习、发现、丰富知识和经验的愿望能够充分地释放出来，从而不断发现自身学习的价值和局限。这种使教学主体能够发自内心地对自身实践活动进行觉察、选择、解释、决断的反思过程，正是罗杰斯所提出的意义学习。因此其学习结果是持久的、深刻的，能引发实践者的共鸣，增强其教学责任感，达到自我指导、自我教育的目的，有利于促进教学主体在教学实践中的自我实现和自我发展，使自己的潜能得到充分发挥。

（二）反思性教学注重教与学过程，强调促进学习者学会学习

罗杰斯重视学习的过程，并提出教育的目标应是培养学会学习的人才。反思性教学正是吸收了这一思想，重视学习者对学习过程的思考，

---

① 转引自杨文明编著：《高职项目教学理论与行动研究》，科学出版社 2008 年版，第 43 页。

通过师生对学习过程的反思，促使学习者学会学习，力求培养出在学习中能充分激发个人的潜能，达到自我提高，完善学习行为，经常在自己身上发现新东西的会学人才。

（三）人本主义教学观为如何进行反思性教学提供了指导

罗杰斯认为要重视培养和塑造学生的情感、态度、价值观等健康人格。这个观点也启示教育工作者在教学时，不但要重视学生对学习过程中的知识方法等进行反思，而且还应重视引导学生关注自身学习过程中的非智力因素，从而对自己学习情感、态度、价值观进行思考和判断。在学习中树立正确的人生观和积极向上的情感态度，促进健康人格的发展。

另外，罗杰斯认为学习是自我决断的过程，十分强调学生自我评价的作用，认为当学生以自我批判和自我评价为主要依据时，独立性、创造性、自主性才会得到促进，[1] 才是真正的学习，才会对自己学习负责。实际上，对学习的自我评价实质就是对学习的一种反思。因此，在教学中，可以抓住自我评价这一环节，通过学生对学的自我评价和教师对教的自我评价，促进师生反思。

（四）人本主义的师生观为反思性教学建立新型的师生关系提供了指导

人本主义心理学极其重视教学过程中人际关系的作用。罗杰斯把"对亲密的和真实的人际关系的渴求"看作是人类本能的需求，认为"在这种关系中，情感和情绪能自发地表现出来，它们并没有得到详尽的审查或者受到各种各样的胁迫；在这种关系中，深刻的体验——沮丧的和欢欣的——能得到分享；在这种关系中能冒险地采取新的行为方式，并且不断地加以提高；总而言之，在这种关系中，他能接近于被充分理解和充分接受的状态"[2]。那么，怎样实现这样一种"亲密的和真

---

[1] 转引自杨文明编著：《高职项目教学理论与行动研究》，科学出版社 2008 年版，第 50 页。

[2] 钟启泉、黄志成：《美国教学论流派》，陕西人民教育出版社 1993 年版。

实的"师生关系呢？罗杰斯提出了建立新型师生关系的三个要求：真诚、信任和理解。反思性教学强调立足教学实际，创造性地解决问题，将"学会教学"与"学会学习"统一起来，加速师生共同发展，最终在共同探索中提升教学实践的合理性。它是一种旨在培养教师与学生具有批判精神和研究创造能力的教学过程。以人本主义的师生观为指导，在反思性教学中，教师要以真诚的态度对待学生，充分信任学生能发展自己的潜能，尊重学生的个人经验，重视他们的情感和意见，深入理解学生的内心世界，设身处地为学生着想。只有以这些态度和品质处理教学中的师生关系，才能建立一个积极、接纳、无威胁的学习环境，排除学生精神上的种种威胁和挫折，使其自我实现的学习动机或创造潜能得以自然地表现。

第四节　内隐理论

一、内隐理论概述

（一）内隐理论的提出与发展

内隐理论的研究是以心理学的发展为基础的，其中隐性知识、内隐学习和创造力内隐理论的提出是最重要的理论依据。

1. 隐性知识理论

1958 年，英国著名的物理化学家、思想家波兰尼（Michuel Polanyi）在其论著《人的研究》中提出了隐性知识（又称为缄默知识，以下都采用隐性知识）理论，波兰尼认为，"隐性知识"是与"显性知识"相对而言的，显性知识是指那些通常意义上可以用言语、文字、图表或符号加以表达的知识；隐性知识指的是那些无法言传或不清楚的、未被表述的、尚处于缄默状态的知识，是我们在做某事的行动中所拥有的一类知识。隐性知识是非常重要的一种知识类型。从功能上讲，隐性知识对于认识与实践的影响是非常复杂的。几乎所有的显性知识都根植于隐性知识，显性知识的增长、应用和理解都依赖于隐性知识。人类的隐性知识远远多于显性知识，而且有着不同于显性知识的显著的特征：（1）隐性知识是镶嵌于实践活动之中的，是情境性的和个体化的，常常是不可言传的；（2）隐性知识是不能以正规形式加以传递的；（3）隐性知识是不能被加以批判性反思的。[①]

20 世纪 60 年代，波兰尼的知识理论受到英美著名教育哲学家赫斯特（P. Hirst）、谢弗勒（I. Scheffler）和布劳迪（H. Broudy）的关注，并从此被引进到教育理论研究中来，对教育领域许多重大问题的分析都产生了较大的影响。

1985 年，美国耶鲁大学的斯滕伯格（Steinberg）也提出了自己的隐性知识概念。他从实践智力结构出发，把隐性知识定义为"行动定向的知识，在没有他人直接帮助的情况下获得，它帮助个体达到他们个人所认为的价值目标。"[②]

1996 年世界经济合作组织在其报告《OECD（经合组织）1996 年科学、技术与产业展望》中，再次强调了隐性知识在知识经济时代的重要性。

2. 内隐理论与外显理论

根据阿基里斯（C. Argyris）的观点，支配人们行为的理论通常有两种不同的形态：一是外显理论（explicit theory），另一种是内隐理论（tacit theory）。外显理论是一种信奉的理论（espoused theories），包括教学原理、教学方法、教学原则等被人们广泛了解和认知的科学、系统理论。[③] 这种理论由于是经过科学论证和经验总结的，已经形成了系统和严密的理论体系，被人们广泛认同和交流，并在教学中经常被提醒和

① 石中英：《知识转型与教育改革》，教育科学出版社 2001 年版，第 222—224 页。
② 郭秀艳：《内隐学习和隐性知识》，《教育研究》2003 年，第 12 期。
③ 闫德明：《教育理念的形成与创新：知识论视角》，《教育理论与实践》2007 年，第 6 期。

强化执行，所以很容易被教师、管理者重视和关注。内隐理论则是一种人们在行动过程中加以运用的但却是习而不察的理论（theories-in-use）。外显理论可以"只说不做"，可以与个人的行动之间保持距离或者脱节，而内隐理论则是人的行动的真实向导，个人的行动无论何时也摆脱不了内隐理论的影响。

3. 内隐学习与创造力内隐理论

1965年，美国心理学家雷伯（Arthur Reber）通过人工语法实验，证实了内隐学习的存在，1967年，雷伯发表了第一篇以"内隐学习"为题目的论文——《人工语法的内隐学习》（Implicit Learning of Artificial Grammar），在这篇文章中，内隐学习概念被首次提出。20世纪80年代，随着世界范围内掀起内隐记忆研究热潮，无意识认知的影响迅速辐射到心理学的各个分支学科，内隐学习也在90年代成为认知心理学的又一个研究热点。

大量的研究和实验都证明，内隐学习优于外显学习。这个现象昭示了内隐学习在教育领域的应用前景。

1981年，美国耶鲁大学的斯滕伯格和波维尔（Bovell）从智力的内隐概念和外显概念研究出发，提出了新的智力结构学说。所谓智力的内隐概念研究，是指研究我们头脑中的智力究竟是什么想法来定义智力。为了从内隐意义上研究智力，斯滕伯格等人还在1981年进行了一项有关智力性质的调查与研究工作。这是斯滕伯格最早提出有关内隐的概念。1985年，斯滕伯格根据创造力理论的建构方式，把创造力理论划为外显理论（explicit theories）和内隐理论（implicit theories）。这是内隐理论以完整的概念第一次出现。在这里，外显理论是指心理学家或者其他领域的专业研究者，通过实施大样本的各种认知测验和数据分析后，建立起来的关于创造力结构及其发展的理论体系。创造力内隐理论（implicit theories of creativity）是指一般公众（专家和外行人）在日常生活和工作背景下所形成的，且以某种形式存在于个体头脑中的关于创造力概念和结构及其发展的看法（也称为内隐观或公众观）。① 内隐理论有助于验证和补充业已建立起来的各种创造力理论，重新框定创造力的研究范围，以及有效地了解创造力的培养和实践。

根据研究范式的不同，克里斯蒂安（Christiane）等人把创造力内隐理论研究分为两类：一类是研究人们对个体和产品的创造性进行评价时一致性程度，试图揭示人们判断创造力的内隐标准；另一类是研究人们对创造性个性个体的认识，寻找人们对创造力理解的原型。②

目前，教师的创造力内隐理论受到了心理学和教育学研究者的极大关注，研究主要集中在探讨创造力的本质、培养和影响因素的问题上。因为教师对培养和发展创造性人才起着至关重要的作用。虽然有标准化的创造力测验和具体的训练计划，但是在课堂中要培养和发展学生的创造力最终还是要依靠教师的能力，如开发学生的创造潜能，识别学生的创造性成果，鼓励与创造力有关的个性特征和认知过程，构建有利于创造力的课堂环境等。

内隐理论的提出，不仅为心理学研究提供了新的思路，也给教育学的研究提供了新的视野。这之后，传统的教师研究的焦点逐渐从教师教学行为的研究转向教师教学思维的研究。

（二）教师内隐理论

所谓内隐理论，是人们不能清晰陈述的理论，它隐藏于人的潜意识里，不容易被个体自身意识到，且在无形中支配着人的思维和行为方式。③ 它是根植于人们内心世界的建构，是一种实践取向的建构。

教师内隐理论，是教师在特定的历史时期和文化背景下，在日常的生活和教学中逐渐形成的，影响教师的日常教学活动，而教师自身又习焉不察的某种特定的个人化的教学观念。它类似于某种教育理论又不具

---

① Sternberg R J. *Implicit theories of intelligence，creativity，and wisdom.* Journal of Personality and Psychology，1985，49（3）：607—627.

② 黄四林、林崇德、王益文：《创造力内隐理论研究：起源与现状》，《心理科学进展》2005 年，第 6 期。

③ 李丽华：《教师内隐理论与教师专业发展》，《教育探索》2006 年，第 4 期。

备科学理论的基本规律，它以自己的特点影响教师的日常生活和日常教学以及具体的教育改革。

教师内隐理论的形成可能受某些教育理论著述的启示，而更多地则源于教师的日常生活经验、教学经验以及对这些经验的自我解释。因此，教师内隐理论主要是对教师日常生活、工作经历等感性认识的总结，具有以下特征：

第一，隐藏性。内隐理论隐藏在教师的内心深处，不张扬，也不外显，往往是教师作出了一系列的决策，完成了一系列的教学任务，而本人却根本没有意识到。

第二，片面性。内隐理论是粗糙的、零碎的，它总是片面地或偏激地认定教育的某一方面的意义，难以构建一个完整的教育观念，以整体的教育观念和教育策略去完整地发展学生的思维。

第三，相对稳定性。由于教师内隐理论不容易被教师本人意识到和被他人认识，因此，教师内隐理论一旦最终形成，在新的内隐理论替代或影响内隐理论形成的基础没有改变前，这种理论就很难被教师提到自我意识里，也就不容易改变，这期间就明显地体现出相对稳定性的特点。另一方面，在内隐理论被教师意识到对教学有不利影响，或受外界因素的提醒或干扰要求转变时，教师可能在思想上愿意放弃自己原来的内隐理论，但这并不意味着真正意义上的放弃。

第四，孤独性。内隐理论是教师个人化的理论，无法向人明确表达，也无法与他人分享。这种理论无论怎样进步，也只能是封闭的、孤独的。孤独的理论、孤独的教学，最终会导致教育行为的失败。

第五，情境性。内隐理论是教师个人在自己的生活和教学情境中形成的某种特定文化假设和教学观念的假设，具有很强的情境性，往往不具有普遍意义，不一定适合为另一人或另一情境的教育提供解释和指导帮助。

第六，可变性。教师对自己的内隐理论的种种假设还没有达到信仰的程度。教师使用自己的内隐理论，但只是在无意识的状态中使用它，一旦被人意识到并被唤醒和指正，它将随时可能动摇并发生转变。

第七，个体性。教师的内隐理论是教师在日常的生活和教学中逐渐形成的某种特定的个人化的文化和教学观念。每个教师都是一个具体独立的个体，有着不同于他人的生活经历和独特的个人对社会、对生活等不同的价值观和教育观念，因而形成了个人化的内隐理论。

第八，非理性。内隐理论并非直接受教育理论的启示，而更多地是源于教师的生活经验、教学经验的自我解释，只是教师个体的某种行动理论、生活理论或实践理论，缺乏一定的逻辑推理。

二、内隐理论对反思性教学的意义

斯滕伯格在论述隐性知识时说，"既能成为一种提高行为效率的资源，也能成为导致行为效率低下甚至失败的根源，关键取决于人们的接受和有效使用"。[①] 正如隐性知识一样，教师内隐理论对教学的影响也是双方面的，积极进步的教师内隐理论能促进教学活动的开展，提高教学活动的效率和效益，而陈旧落后的教师内隐理论则会阻碍教学活动的顺利进行，降低教学活动的效率和效益。

内隐理论和外显理论都会影响教学，同时，许多研究者研究发现，教师内隐理论对教学的影响甚至超过了外显理论。他们发现，一般情况下，教师的很多教学思路、行为等并不直接受外显理论的影响，而更多的是受隐藏于教师内心深处的内隐理论的影响。在教师的教育教学中，教师的内隐理论深刻影响着教师的教育教学实践。

（一）反思性教学以探索和解决教学问题为基本点，有利于挖掘教师的内隐理论

反思性教学的基础是探索和解决教学问题。在反思性教学过程中，教师不是机械地按照教学大纲和教材的要求去组织教学或是简单地回想教学情况，而是要在领会教学大纲和教材的基础上，根据教学对象的具

---

① 庞丽娟、易凌云：《论教师的缄默个性教育观念及其外显化》，《教育研究》2005 年，第 7 期。

体情况,去研究和解决在教学中出现的各种问题,以及在解决问题的过程中如何获得更好的教学效益。这使得参与反思性教学的教师获得了创造性思考直至创造性解决问题的机会。教师要克服自己习惯了的思维,打破常规,拓展自己的思维空间,对自己的内隐理论要进行批判的检验,使自己的内隐理论既可以为自己也可以为他人所认识和理解。

(二)反思性教学以改进教学为目标,有利于转化和提升教师头脑中的内隐理论

反思性教学以改进教学为目标,这实质是向更合理的教学实践努力。教学实践的科学性、合理性是一个永无止境的追求。这种追求靠任何规则、条例都起不了多大作用,而教师内在的职业道德和良知则是这种追求的动力。"当人们努力追求合理性,并确证观念与行动,以形成对对象的新的理解和欣赏时,就要激励教师进行反思性教学。"① 反思性教学要求教师在教育实践中批判地考察自己的行为表现及其行为的依据,通过回顾、诊断、自我监控等方式,或给予肯定、支持与强化,或给予否定、思索与修正,从而不断提高其教学效能。通过这种反思,教师把习以为常的理论性知识和自己的教育实践作为对象加以观察,可以认识到两种知识间的不一致,并加以理性的控制与操作,进而促使自己理性地、自主自觉地思考行为的本质。即反思性教学可以帮助教师摆脱习惯、冲动,以审慎的态度对自己的教学活动以及学生的表现认真地观察和分析,从而在教学中采用相应的改进措施,把自己掌握的有关教学的理论性知识内化为实践性知识,并加以激活、评判和发展,使之升华,形成个人化的教育哲学,进而指导控制自己的行为,真正使所倡导的理论应用到教学中去。从这个意义上来说,反思性教学的开展就成了内隐理论外化和教育理论内化的主要途径,教师通过对具体的情境和教学实践的反思,将感性的、表面化的经验提升,使其内化为教师精湛的实践能力,形成有关教学的实践性、策略性知识。

由于教师内隐理论是教师在自己的教学实践情境中形成的,带有鲜

① 熊川武:《说反思性教学的理论与实践》,《上海教育科研》2002年,第6期。

明的情境色彩，因而不具有普遍的指导意义。它既可以是合理的，对教学实践起促进作用，又可能是不合理的，对教学实践起阻碍作用。教师持有的外显理论是教师群体的公正理论，对教学实践具有普遍的指导意义。教师只有将自己的内隐理论与倡导的理论有机地联系起来，才能使自己的内隐理论得到完善与发展。反思性教学的开展，迫使教师对教学中自己的行为与学生的表现进行认真的观察与分析，并通过教师之间的相互观摩讨论，使教师发现倡导的理论与个人的内隐理论不一致，从而利用倡导的理论改变内隐理论，利用内隐理论丰富倡导的理论，最终改进教学。同时要看到反思性教学与有反思的经验性教学的不同。在反思的过程中，经验型（即操作型）的教师往往是重复上一轮的教学过程，而具有反思性思维的教师的教学则是一个不断发现问题、不断解决问题的过程。比如同样是有着五年的教学经历的教师，前者只是将上一年的常规教学重复一次。五年来，只是将书本知识简单重复讲授五次而已；而后者则是不断地在上一年的基础上发现新问题、总结、改进、完善的五年，使自己的教学实践不断提高到新的水平，是一个不停步追求教学更高层次合理性、螺旋式上升的五年。经过思考和不断反思自己的教学，教师认识到自身内隐理论对教学的影响，及时进行自身思维和行动的调整，完全有可能将非理性的内隐理论理性化，形成有效的教育信念和个人化教育哲学。这样的信念一旦确立，就成为激励和引导教师实践的、积极的、巨大的精神力量。

（三）反思性教学以"两个学会"为目的，有利于改进和应用内隐理论

反思性教学的目的是"两个学会"，是师生共同发展。在以往的经验性教学中，教学的目的是发展学生，但反思性教学的目的是师生共同发展，即教师学会"教学"，学生学会"学习"。在反思性教学中，教师在全面反思自己的教学行为时，会从教学的各方面（主要包括教学对象、教学要求、教学工具和教学环节等）发现问题，解决问题，教师也会从内心反省自身与教学有关的知识、经验、经历，并经过自己的反思使之得到调整和改造，从而改进自己的教学。这要求教师必须"学会教

学"。并且是通过反思性教学这一实践，在教学中学习教学。教师只有不断学会教学，才有可能培养出不断学习的学生。另一方面，为了能够"学会教学"，教师必须站在学生的立场上，从学生如何能够学会学习的角度，去考虑教学。学生"学会学习"不仅包括专业知识，也包括人格等方面。教师"学会教学"是反思性教学的直接目的，而学生"学会学习"才是反思性教学的最终目的。所谓学高为师，身正为范，教师在课堂教学过程中运用的各种知识、行为、态度、价值取向在很大程度上是受原始的专业知识观念与教育价值观念及有关教育活动的一些内隐的观念所制约、控制的。而教师的人格修养也在更深层次潜移默化地影响学生的价值判断及道德观念的形成。可以说，反思性教学是对教师固有的内隐理论的挑战和剖析，教师必须具备不断更新教学理念的决心和毅力。教师的内隐理论只有外化，与他人沟通和交流，并在此过程中，有意识地去反思自己的教学行为和指导思想，才能使个体化的内隐理论具有合理性和科学性，才能不断完善自我，努力提高教学水平和适应能力，成长为专家型教师。

第五节　经验主义哲学

一、经验主义哲学概述

（一）经验主义哲学的发展

　　西方哲学史的发展分为三个阶段：古代的本体论时期、近代的认识论时期和现代的语言哲学时期。① 经验主义是西方哲学认识论主要思想来源和理论框架之一。经验主义作为西方哲学的一条发展主线，诸多哲学家、思想家围绕这条主线进行了各自的探讨。

---

① 周昌忠：《西方现代语言哲学》，上海人民出版社 1988 年版，第 2 页。

古希腊的亚里士多德否认天赋观念，第一个提出"白板说"①，认为感觉经验虽然不能告诉人们事物的原因，但是能提供关于个别事物最权威的知识，感觉是外物作用于感官引起的，是知识的来源。

中世纪的经验论则跟经院哲学中的唯名论思潮相联系。唯名论主要代表人物有罗杰·培根、司各特和奥坎，他们都强调应从对个别事物的感觉经验出发。

近代经验主义的真正发展，得益于文艺复兴后期采用实验和分析方法进行研究的欧洲自然科学的发展。从 17 世纪的弗朗西斯·培根、约翰·洛克到 18 世纪的乔治·贝克莱、大卫·休谟，都强调感觉经验的重要性，认为一切知识都来自感觉，否认天赋观念，赞成"白板说"，倾向于对事物进行孤立的分析研究，强调客观依据和实用价值。可以说，经验主义是一个繁杂的不断发展着的哲学流派。

综上所述，传统哲学中的"经验"概念一般是二元论背景下的经验概念，传统经验主义承认经验是知识的基础，是由感官传入心灵的感觉内容，但又把自然视为完全是跟人不相干的一种物理实体。

19 世纪下半叶，特别是 20 世纪初以来，由于全球出现严重的生态危机，人与自然之间的矛盾日益尖锐，传统的主客二分的形而上学不可避免地受到挑战。在这种情况下，反对主客分立的二元论，强调人与自然和谐相处、协调发展成为现代西方哲学发展的一个基本趋势。

（二）经验主义哲学的基本观点

皮尔士、詹姆斯和杜威三位美国实用主义哲学家都以"经验"范畴为核心理念。查尔斯·桑德斯·皮尔士（Charles Sanders Peirce，1839—1914）认为"经验"是精神自身的进化，创生概念、观念、命题的"洞见"本能是"经验"的必然部分，心灵与宇宙和谐，自然使人类心灵繁盛，充满观念。② 威廉·詹姆斯则提出了"彻底经验主义"之说："彻底的经验主义意味着经验主义必须既不接受任何非直接经验的

---

① 陈勇：《词类理论的历史流变》，《解放军外国语学院学报》2002 年，第 5 期。
② 陈锋：《实用主义"三杰"之"经验"观要求》，《求索》2002 年，第 5 期。

元素于自身构造之内，也不把任何直接经验的要素从自身中排除掉。对于这样一种哲学，连接经验的关系自身一定是经验的关系，并且任何种类的经验的关系必定与体系中的别的东西一样实在。"① 杜威在批判传统经验论的基础上，把经验作为基点和看问题的出发点，他主张经验与自然是连续性的统一整体。他认为只有以经验的方法来认识和看待经验与自然的关系，才能克服传统哲学的二元论，使哲学走向正确的轨道。杜威继承了詹姆士的看法，认为"经验"已有两层意义：一方面是指经验的对象，即客观的自然界事物；另一方面是指经验的方式、过程和经验的人，这不仅包括人的认识方式，而且包括人的意志、信仰和理想，以及心理活动等。由此可见，杜威的经验具有如下特性：①主动性。杜威认为经验是一个主动过程，不单是有机体受着环境的塑造，还存在着有机体对环境的主动改造。②连续性。经验的连续性意味着每项做过的和经历过的经验会改变做着和经历着这种经验的人。③交互作用。指个人和各种事物以及个人和其他人们之间进行着的交互作用。这种经验必须通过有计划的连续不断的教育过程获得。②

总的来说，杜威的"经验"概念，既是"被体验到的东西"，也是"事物被经验到的方式"。杜威从其经验主义哲学基础出发，认为，为实现教育的目的，无论对学习者个人还是对社会，教育都必须以经验为基础，而这种经验并非已死的过去知识，而是活生生的生活本身，是人与环境的交互行为，教育是继续不断地重新组织经验，教育就是经验的改造或改组。这种改造或改组，"既能增加经验的意义，又能提高后来经验进程的能力"③。这种新"经验论"和当时社会改良主义发展观相契合，形成了经验主义哲学基础上的"教育即生活"、"学校即社会"等教育主张。在经验主义教育观下，学生才是教育的中心，关注教育过程中的生成性，重视儿童直接经验的获得，强调经验中的反思成分，主张儿

---

① ［美］詹姆斯：《彻底的经验主义》，庞景仁译，上海人民出版社 1987 年版，第 22 页。
② 杨文明：《高职项目教学理论与行动研究》，科学出版社 2008 年版，第 53 页。
③ 赵祥麟：《杜威教育论著选》，王承绪编译，华东师范大学出版社 1981 年版，第 159 页。

童"从做中学"，通过探究性和体验性的活动建构其知识体系。

二、经验主义哲学对反思性教学的启示

杜威反思性教学思想标志着在教学主体地位的确立上人类认识的一次飞跃，因为它指明了处于教学实践中的人应该审视教学过程，反思自身行为的合理性程度，[①] 用生活的经验来解释教育的意义。杜威的经验哲学实际上就是它的教育哲学。杜威所说的反思不仅仅具有方法论的意义，他还在哲学的高度上提出了学校教育过程的一个基本理念。在教育教学过程中，一成不变的认识不多，需要在实践中不断地怀疑和探究。

杜威的"从做中学"体现了经验的价值。经验是"从做中学"的目的和灵魂，而经验只有在活动中才能获得。通过"从做中学"，学生在观察他的行动怎样改变周围世界的时候，他认识到他自己的力量的意义和他的行动的目的，以及行动中必须考虑处理事物的方法。这样的经验，在经验之内有生长。反思性教学立足于教学实践，思考教学实践中的问题，创造性地解决问题，促进师生已有知识和经验的发展。

杜威的"从做中学"具有探究性。杜威认为，教师应从儿童的兴趣、需要出发，通过一系列的社会生活，儿童实际相关联的活动，让儿童在活动中主动探究，以获得完整的、非理性的经验，学会思考，使儿童的主体性得到发挥，成为社会需要的人。杜威研究了人的思维，提出了思维五步说，即（1）感觉到的困难；（2）困难的所在和定义；（3）对不同解决办法的设想；（4）运用推理对所设定意义所做的发挥；（5）进一步的观察和实验，它引导到肯定或否定的，即得出可信还是不可信的结论。[②] 儿童的活动应充分体现这五步，使儿童的探究能力得到发展。反思性教学促使教师重新审视学习者的角色，学生成为学习的主体，在教学实践中主动探究，促进了求真思维和创造性格的养成。教师在很大程度上成为"助学者"，不仅要"传道、授业"，更要为

---

① 熊川武：《反思性教学》，华东师范大学出版社 1999 年版，第 26 页。
② John Dewey. *how we Think*. New York，1916，72.

学生"解惑"，在平等的师生关系中，引导学生获得知识，生成能力和经验，培养情感。

第六节　批判教育学思想

批判教育学思想是由德国法兰克福学派从 20 世纪 30 年代起创立的批判理论的复杂思想体系发展起来的，是反思性教学的重要理论基础。

一、批判教育学思想概述

（一）不同派别的批判教育学

批判教育学有两大特色鲜明的流派，一是以德国为代表的具有欧陆风格的批判教育学，它是在批判理论的直接滋润下产生的；二是以英、美为代表的具有"盎格鲁-撒克逊"风格的批判教育学，该学派并非由批判理论直接发展而来，而是深受后现代主义思潮的影响。① 德国批判教育学代表人物有哈贝马斯、布兰凯尔茨、克拉夫基等，其中以他们中的批判——解放教育学为典型。美国批判教育学的代表人物有福斯特、吉诺克、阿普尔、鲍尔斯、金蒂斯、吉鲁等，尤其值得一提的是巴西教育家弗莱雷，他提出了被压迫者的教育学，建立了以培养批判意识为目的的解放教育理论。在弗莱雷的教育思想体系中，"对话"是个关键的词汇。所谓对话，就是对世界的改造。它包括两个基本因素：反思和行动。这两个因素是相互关联、相互作用的：一方面，行动和反思如果被分开，就不是真正的对话，也就不会产生实践；另一方面，如果仅仅强调而实际上忽视反思，那么就是为行动而行动，是一种行动主义，它否

---

① 靳玉乐：《反思教学》，四川出版集团、四川教育出版社 2006 年版，第 64—65 页。

定了真正的实践，也阻碍了对话。① 对话的精神在于反思与批判，在于主体和事物之间不断地相互作用。

（二）批判教育学的共同主张

批判教育学是个复杂的理论体系，观点繁多，但其理论有一些共同或相似的理论倾向：

第一，批判理论认识到人的"异化"这一问题。②

在教育什么的问题上，批判教育学一直关注教育与人的发展问题。他们提出，现有的教育在某种程度上是加重人的异化，是使人"愚化"的教育，把人变成了知识的奴隶，目的是培养符合社会机器需要的公民。批判教育学认为教育应该培养的是一种消除了异化的、全面发展的健全的人，在教育中要提倡主体性和创造性，激发、引导人们对内心的反思和创造思想。

第二，"解放"的教育一直是批判教育学所追求的教育理想。

哈贝马斯认为，只有解放理性才能使人真正回到"自我"中去。批判教育学把"解放"与"自由"作为教育的最终追求目标，主张人的差异性、个性的多元性，追求人的全面和谐发展。

第三，对社会公平的追求。

批判教育家鲍尔斯和金蒂斯认为教育其实是为统治集团服务的一个工具，它已历史地成为个人定位于各种经济职位的一种手段。③ 而法国的布迪厄认为教育的主要职能是进行文化的传递，学校通过统治阶级文化的传递再生产现存的社会关系。为消除教育的不平等，批判教育学主张以大众的教育制度取代西方的精英教育制度，从而谋求人和社会的不断解放。

---

① 黄志成、王俊：《弗莱雷的"对话式教学"述评》，《全球教育展望》2001 年，第 6 期。

② 靳玉乐：《反思教学》，四川出版集团、四川教育出版社 2006 年版，第 66 页。

③ ［美］S. 鲍尔斯、H. 金蒂斯、王佩雄：《美国经济生活与教育改革》，上海教育出版社 1990 年版，第 8 页。

二、批判教育学对反思性教学的影响

批判教育学理论主要在三个问题上为反思性教学提供了依据：一是
伦理学基础和教学互动的规范。[①] 批判理论家认为要唤醒人们对他人负
责，并从自由方面认识他人。只有先肯定了别人的自由，才能充分发挥
自己的自由。这种伦理学说是反思性教学中教师与学生、学生与学生间
互动的基础。二是教学与民主的关系。[②] 教学理论与民主理论的基本任
务是发展以描述教学过程变革的结构与目的为主体的交往性"批判思
想"，确立其在集体的非意识形态决策中交往的观念，使教学与民主的
共同的规范核心即交往理性，在主体间反思性学习过程中发展起来。三
是教学与知识的状态和文化体制。[③] 社会的现代性的主要标志之一是科
学知识的增长。科学知识把问题交给了人类，看人类怎样自由地获得灵
感，在让未来的世世代代有"美好生活"上达成一致。这直接影响了教
育与教学。教学既要重视科学，又要满足学生与教师的合理需要，把增
强科学技术上的本领与提升精神境界结合起来。同时，注意在教学中克
服由于把科学技术不恰当地用于社会生活而造成的人情淡薄的现象，使
学生的交往情趣浓厚起来，以便学生之间相互关爱。

批判教育学家把教育作为一个过程来分析，在教育过程中，那些在
社会和经济中占主导地位的团体把自己的价值观和信仰强加给别人，从
而使得自己的权力和地位合法化。教师的任务是让学生学会了解这一过
程是如何起作用的，如何反对它。教育是在平等基础上的观念的对话，
是一种合作学习的努力。通过对话，教育可以帮助学生们识别、赞赏和
理解自己的体验。要做到这一点，他们需要采用多种类型的分析，这些
分析是他们自己逐渐发展起来的，不是由主导文化从外界强加给他们
的。行动和反思被认为处在一种不断的、富有成效的紧张状态。

---

① 熊川武：《反思性教学》，华东师范大学出版社 1999 年版，第 63 页。
② 同上，第 65 页。
③ 同上，第 66 页。

综上所述，从宏观的层面来讲，批判教育学站在传统教育学的对立面，倡导以人为本，弘扬人的主体性和创造性。从微观的教学层面来讲，批判教育学从认识论和方法论的高度打破了传统的单向讲授的教学模式，不论教师和学生都是教学的主体，对课程内容以及教学过程要有批判的意识，在反思中行动，在行动中反思，以对话、合作、交流互动的方式进行教学。

第七节 行动研究理论

一、行动研究理论概述

（一）行动研究理论的发展

行动研究的兴起始于 20 世纪 30 年代后期的美国。一般认为，"行动研究"这一概念最早是一战时期美国社会工作者约翰·柯立尔（J. Collier）、著名社会心理学家勒温（K. Lewin）等人在对传统社会科学研究的反思中提出来的；20 世纪 50 年代经哥伦比亚大学教育学院院长柯雷（S. Corey）等人的大力倡导，开始进入美国教育研究领域；60 年代中期，曾因行为主义在社会科学的兴盛而沉寂一时；80 年代经英国学者埃里奥特（J. Elliot）等人的努力再度崛起；进入 90 年代后，行动研究更日益受到人们的重视。[①]

（二）行动研究理论的主要观点

1. 行动研究的概念

行动研究是由实践工作者在社会情境下开展的自我反思的探究。[②]

[①] 靳玉乐：《反思教学》，四川出版集团、四川教育出版社 2006 年版，第 193 页。

[②] W. Carr and s. Kemmis. *Becoming Critical*：*Education*，*Knowledge and ActionResearch*. London：The Falmer Press，1986. 162.

比较公认的行动研究的定义是《国际教育百科全书》中由澳大利亚学者凯米斯（Kemmis）从教育的角度提出的"行动研究是由社会情境（包括教育情境）的参与者，为提高对自己所从事的社会或教育实践的理性认识，为加深对实践活动及其依赖的背景的理解，进行的反省研究。"①

2. 行动研究的特征

行动研究把行动和研究的过程融合，研究者是教育实践的参与者，研究对象为教育实践中亟待解决的问题，研究目的是为了更好地理解和改进实践。具体而言，行动研究具有以下特征：

（1）主体性

行动研究强调行动者与研究者的统一，即教师既是研究者也是研究成果的实践者。在教育教学中，教师不再是单纯的知识传授者和被研究的对象，而是研究成果的探讨者、开发者和实践者，在教学过程中不断地对自身的教育教学实践进行批判性的反思，成为反思实践者。

（2）实践性

行动研究的目的是为了改善实践，它与实践有着密切的联系。教育行动研究的问题来源于教师的教育教学实践，最终也要通过实践的研究解决问题。

（3）开放性

行动研究的研究过程是一个螺旋式上升的发展过程，是一个无止境的领域。在研究过程中，教师在研究总目标的指引下，根据实际中出现的新问题、新情况不断调整方案，修改计划，设计新的策略，边行动，边修改，边研究。②

3. 行动研究的操作程序

行动研究是一个由若干相互联系、相互依存的环节组成的螺旋式上升的发展过程。在不同的理论背景下，有不同的模式。如：勒温（K.

---

① 冯宇红：《论教师行动研究的策略》，《教育探索》2005 年，第 5 期。
② 寇冬泉、黄技：《行动研究法及其操作程序与要领》，《广西教育学院学报》2003 年，第 3 期。

Lewin）提出了制订计划、实地调查和贯彻执行；凯米斯（Kemmis）提出的计划、行动、观察、反思。柯雷（S. Corey）提出五步骤：（1）明确问题；（2）确立解决问题的行动目标与过程；（3）按设计进行行动，并对行动做记录、搜集证据以确认目标实现到哪里；（4）对相关材料进行整理，概括出关于行动与目标之间的一般原则；（5）在实践情境中进一步检验这些原则。① 我国学者蔡保田将行动研究概括为八个步骤：（1）发现问题；（2）整理制定问题；（3）文献探索；（4）拟订计划；（5）设立假设；（6）搜集资料；（7）试行与修正；（8）综合解释。②

二、行动研究理论对反思性教学的意义

行动研究是对行动的研究，它以教师在教育教学过程中的实际问题为研究对象，不是对他人进行的研究，而是对自己的工作进行的研究，以此帮助自身改善行为，提高教育教学质量；行动研究又是在行动中研究，教师工作的过程也是研究的过程，研究的结果也就是实际问题的解决和工作的改进，不需要经过理论到实践的转化过程，教育教学工作成为行动研究的直接受益者。

行动研究理论的出现，克服了传统的教育研究中仅仅把教师作为观察和评价对象的弊端，教师开始作为一个具有自我意识的主体出现在教育研究中。教师在教学行动之前和教学行动中关注那些可能发生的教学问题，不断地反思问题是否已经解决或获得了某种解决的暗示。行动研究不是教师就教学进行的日常思考，而是系统的研究，包括收集信息，进行严格的反思。由于教学问题总是源源不断地出现，教师便不断地改变思维策略，不断地挑战自我，超越自我，为寻求问题的解决不断地反思教学实践。由此可见，行动研究是沟通理论与实践的桥梁，不仅奠定

---

① 谢春风、时俊卿：《新课程下的教育研究方法与策略》，首都师范大学出版社 2004 年版，第 204 页。

② 靳玉乐：《反思教学》，四川出版集团、四川教育出版社 2006 年版，第 199 页。

了反思性教学的理论基础，而且为反思性教学的实施提供了操作框架。通过行动研究，教师发挥自己的主动性和创造性，解决实际遇到的问题，真正体会到自己的责任、价值和意义，使自己的工作进入到更高的境界，将教学与研究作为自己修身的自觉追求，不断改进教育教学工作，促进自身专业化发展，提升教师的生命价值。

毫无疑问，其他学科对反思性教学也具有理论借鉴意义。但是不管是经验主义哲学、建构主义理论、人本主义学习理论、内隐理论，还是元认知理论、行动研究理论，或是批判教育学，都不能作为直接的反思性教学理论。反思性教学的形成和发展，得益于对这些理论的吸收和借鉴。

第三章 探讨：反思性教学概论

第一节 反思性教学的内涵

一、反思性教学中的"反思"的内涵

反思由拉丁语"reflectere"派生而来，意指"专注于过去"。它最早应用于哲学领域，是西方近代哲学中广泛使用的概念之一，又译为"反省"、"反映"。"反思"、"反省"等词的含义相近，都表示回顾、思考的心理活动。根据中国社会科学院语言研究所词典编辑室编《现代汉语词典》（1996），反省旧指自我省察，今指回想自己的思想行动，检查其中的错误。

《牛津英语大词典》对反思或反射（reflection）的解释：一是对精神的反省性影响；二是物体表面的反光或反热作用；三是镜子或其他光滑表面展示或再造物体影像的作用；四是使物体弯曲、翻转或折回原样的作用；五是反射作用或被投射或被驱返现象；六是参考、联系、连接；七是回转的行为或将思想固着在某个主题上，沉思，深刻或严肃的

思考；八是想到或攫取头脑中的思想或观念。①

《辞海》将反思理解为两个方面：一是个体觉察与了解自我心理活动或思维活动的一种方式，即个体通过自我意识或元认知来了解、监控与调节自身的心理活动或思维活动；二是个体从自己过去对事物的感知中获取知识的一种途径，即个体通过重新审视自己与其他个体具有很大相通性的内心世界来获得有关人的心理活动与思维活动的新知识。②

在我国，"反思"观念由来已久。《礼记·学记》记载："学，然后知不足，教，然后知困。"这里的"知不足"与"知困"是主体对自己的学习与教学反观自照的结果。就像人从镜中可以看到自己的丑美，人从行为中可以返照出自己的心灵。

在西方国家，对自己的认知过程或思维状态的思考可以追溯到柏拉图和亚里士多德时代。杜威提出反思思维。他认为，"反思是思维的一种形式，是个体在头脑中对问题进行反复、严肃、执著的沉思"，并进一步解释"反思是对任何信念或假定的知识形式，根据支持它的基础和它趋于达到的进一步结论而进行的积极的、坚持不懈的和仔细的考虑"，它"包括这样一种有意识和自愿的努力，即在证据和理性的坚实基础上建立信念"。③

贝克莱（George Berkeleky，1685-1753）把反思看成"对我自己的存在，即我自己的心灵、我的精神或在我之中的精神原则的认识方式"。他认为："反思是个体立足于自我之外批判地考察自己的行动及情境的能力。使用这种能力的目的是为了促进努力思考以职业知识而不是以习惯、传统或冲动的简单作用为基础的令人信服的行动"。

综上所述，所谓反思，顾名思义，即自我省察、回顾的意思。就是行为主体对自身既往行为及相关理念自觉进行换位思考的认识活动和探究活动。反思的指向主要是过去的意识和行为，具有价值评判的性质。

---

① 倪梁康：《自识与反思——近代西方哲学的基本问题》，商务印书馆 2002 年版，第 485 页。

② 辞海编辑委员会：《辞海》，上海辞书出版社 1989 年版。

③ 杜威：《我们怎样思维》，人民教育出版社 2005 年版，第 11 页。

事实上，反思一词本身就含有"反省"、"内省"之意，从本质上来说就是一种批判性思维，即通过对自己的思想、自己的心理感受等的思考，审视、分析当前的认识活动。因此，可以把教学中的反思的内涵总结为：反思是立足于教师自身之外，是对教师自身的教学思维和行为的一种批判，反思的目的既是为了回顾过去或培养反思的意识，更是为了指导即将在未来进行的教学活动和教学实践。反思不仅是内隐的思维活动，而且也是外显的实践行为，联系着思维和行动两头，确保反思的结果能够在教学实践中得到检验。

二、相关概念的界定

人类社会进入 21 世纪以来，"反思"一词出现的频率越来越高，尤其是在教育领域。新课程的实施需要我们教师不断地发展，而教师要想快速地成长，适应新时代对教师的需求，以便在自身发展上寻求更大的空间，就要学会反思。

（一）教学反思

教学反思是指教师立足于教学实践，以提高教学效果和教学质量为目的，以自己的教学活动过程为研究对象，对教学过程本身以及与教学相关的活动进行理性的审视和分析，反思教学中存在的问题与不足，进而采取相应的改进措施。进一步说，教学反思就是对教学过程的再认识，再思考，再探索，再创造，它是伴随整个教学过程的监视、分析和解决问题的活动，在反思中发现自己教学的得与失、优与劣、成与败。教学的内涵丰富，包括教学理念的更新、教学内容的安排、教学工具的选择、问题的设计、教学策略的运用、教学方法的选择、教学目标的达成、学生技能的训练和能力的培养等等。教师可以是对其中的某个方面，甚至是某个片断或细节进行反思，也可以是对其中的几个方面甚至全部内容进行反思，不断对自己教育行为作修正和完善，以达到对教学过程的优化和改进。①

很多学者把教学反思和反思性教学相等同。其实，严格意义上说，二者既有区别又有联系。

"反思性教学"和"教学反思"，从二者共有的因素"教学"和"反思"来分析，二者联系紧密：从性质上看，"反思"是二者共有的精髓，都具有研究的性质；在时空上，二者都可在课堂教学过程中实施；在功能上，解决和研究课堂教学中的问题是二者共同的目标。因此，二者的关系表现为：一方面，教学反思是反思性教学的前提和基础，是反思性教学的突破口，即要形成反思性教学必须有教学反思作保障；另一方面，反思性教学应是教学反思系统化、模式化发展的结果，是建构在教学反思基础上的教学新模式，其因教学反思的存在克服了传统经验主义教学的弊端。

"反思性教学"和"教学反思"的区别主要有：（1）属性不同。反思性教学是与操作性教学相对应的一种教学模式或教学形态；而教学反思则是教师的一种职业行为。（2）主体不同。反思性教学的主体是教师与学生，教师与学生共同参与教学过程，都具有反思意识。教学反思的主体主要是教师，强调教师的主体行为，是教师以自己和自己的教学活动为研究对象，反省自己的思想及行为，并深入挖掘教学目的、教学策略、教育观念等方面存在的问题，不断对自己教育行为作修正和完善，以达到对教学过程的优化和改进。学生作为一个有生命的个体，一个活生生的有思想的人，在一些情况下可作为反思对象。（3）目标倾向不同。反思性教学首要为了学生发展，也关注教师发展。教学反思则把提升教学实践合理性为直接目的。

（二）反思型教师

关于什么是"反思型教师"，众说纷纭。有学者将反思型教师定义为："能够不断总结、剖析自己的教育、教学工作，调整自己、创造教

---

① 付伟：《教学反思简论》，《教学与管理》2004 年，第 7 期。

育新经验，提出教育新思想的教师。"① 另有学者认为："反思型教师应是学者，是研究者，他们一方面具有课堂教学所必需的知识及技能、技巧，另一方面还具有对教育的目的、教育行为的社会与个人后果、教育的伦理背景以及对教育方法、课程原理基础等更宽广的教育问题的探究、处理能力。"② 还有学者认为，反思型教师就是能够借助先进的教育教学理论及他人的教学经验，积极主动地对自身教育教学观念及其实践活动进行批判性的思考、分析、研究和改进，以不断提高自己的专业水平的教师。③

综上所述，所谓反思型教师，就是借助行动研究，批判性地分析与思考自身的教学实践与教学观念，并不断改进教学实践，将"学会教学"和"学会学习"统一起来，最终成为师生共同发展的教师。一个真正的反思型教师，在教学实践中要不停地思考，不停地计划，不停地实践与反馈，在循环往复、螺旋上升过程中逐渐成长。反思型教师不仅是教学实践的反思者与研究者，还是学生学习的合作者与促进者；不仅是道德伦理的示范者，还是学生心灵的关怀者。

（三）反思性学习

反思性学习（reflective learning）一般是指学习者以自身的思想和行为作为思考和研究对象的学习活动，通过对学习过程持续性、批判性地审视、思考、探究和改进，力求调节并完善自身的学习，达到学会学习目的的学习活动。这一概念在主体上更强调学生，应用范围可以扩展到其他行业，不局限于学校教学领域。

（四）反思性实践

反思性实践（reflective practice）是 1983 年美国学者唐纳德·萧恩（D. Schon）在《反思性实践家——专家如何思考实践过程》一书中提出来的。反思性实践是相对于医生、律师等专业领域专业理性不足的

---

① 朱小蔓：《教育的问趣与挑战——思想的回应》，南京大学出版社 2000 年版，第 360 页。

② 常波：《西方反思型教师教育思潮兴起背景综述》，《外国教育研究》2000 年，第 2 期。

③ 黄晓颖：《关于如何培养"反思性教师"的思考》，《现代教育科学》2006 年，第 5 期。

"技术性实践"而言的，强调既要反思，又要行动，在行动中反思，在反思中行动，以行动促反思，把理论与实践结合起来。① 这一概念是对宽泛的专业实践而言的，并不单指教学实践。

从这几个概念的定义上来看，其共同特征是强调行动主体在实践活动中的反思，但侧重点有所不同。

三、反思性教学的内涵

对于反思性教学的内涵，教育理论界有着不同的说法。不管其研究者还是关注者的思想倾向和研究视角如何，都是在积极探索反思性教学理论和实践的意义，积极探索研究理论结合实际的具体操作策略。

（一）国外学者对反思性教学的内涵界定

国外关于教师反思问题研究的时间比较早，起点也比较高。尽管国外对反思问题的研究流派很多，分歧也很大，但研究很深、很透，已基本形成了较完备、系统的体系。

美国的学者维拉（L. M. Villar）认为："反思性教学是教师借助发展逻辑推理的技能和仔细推敲的判断以及支持反思的态度进行的批判性分析的过程。"② 定义表明，"反思性教学依赖理智的思考和批判的态度与方法，是教学主体自我解剖的过程。"③

伯莱克（J. Berlak）认为："反思是立足于自我之外的批判地考察自己的行动及情境的能力。使用这种能力是为了促进努力思考以职业知识而不是以习惯、传统或冲动的简单作用为基础的令人信服的行动。"④ 他认为："反思性教学不仅是从技术上考虑、质疑或评价自己教学的有效性，还要求教师审慎地考虑他们教学实践的道德伦理意义并乐意根据

---

① http://www.jshzzx.com/news/ReadNews.asp? NewsID:357,2005.10-5.
② 熊川武：《反思性教学》，华东师范大学出版社1999年版，第1页。
③ 同上。
④ 同上。

顿悟改进自己的教学行为。"①　相对而言，伯莱克的视野比较开阔，尤其强调了教师教育教学职业伦理道德方面的问题，但忽视了时间流程和过程秩序。

此时也有人对反思性教学进行层次和要素分析，以便更深入地说明问题。如麦伦（V. Manen）指出了"反思性教学具有三个层次：第一层次主要反思课堂情境中各种技能与技术的有效性，反思教学主体目的的适应性和教学策略使用的合理性。第二层次主要针对课堂实践基础的假说和特定的策略以及课程的结果，做出关于教学内容等方面的独立决策。第三层次主要针对道德的和伦理的以及其他直接的或间接的与课堂教学有关的规范性标准。"②　将这三个层次综合起来进行整体观察，反思性教学确实有广阔的发展空间和丰富的内涵。对比伯莱克的观点，麦伦把反思性教学的技术和理论基础以及伦理道德等问题统一起来学习和认知，但仍是忽略了过程秩序和时间流程上的问题。

布鲁巴切尔（J. W. Brubacher）等人在借鉴前人思想的基础上，从时间维度构想反思性教学，将反思性教学实践分为三类：一是"对实践的反思"又或是"实践后反思"（reflection-on-practice）；二是"实践中反思"（reflection-in-practice）；三是"为实践反思"（reflection-for-practice）。③　对实践的反思（又或是"实践后反思"）与实践中反思是以发生的时间为标准来进行划分的，对实践的反思是指反思发生在实践之后，即后反思；实践中反思指的是反思发生在实践的过程中，即中反思；为实践反思则是前两种反思的预期结果，即后反思与中反思的目的，最终形成超前的反思，从而养成在实践之前三思而行的良好习惯。布鲁巴切尔考虑了过程，但似乎又忘记了反思的具体内容。

还有美国教育家杜威曾经说过："反省的思维功能，在于将经验得到的模糊、疑难、矛盾和某种纷乱的情境，转化为清晰、连贯、确定以及和谐的情境。"

---

① 熊川武：《反思性教学》，华东师范大学出版社 1999 年版，第 1 页。
② 同上，第 2 页。
③ 同上。

这些观点虽能给人一定的启发,但也均存在不足之处。

(二)国内学者对反思性教学的内涵界定

国内在反思性教学方面的研究始于 20 世纪 90 年代。近几年来,国内对教师的反思问题研究逐渐增多。在对我国近些年来关于反思性教学理论资料研究基础上,可以将反思性教学的含义表述概括为以下几种:

华东师范大学熊川武教授将反思性教学定义为:教学主体借助行动研究,不断探究与解决自身和教学目的以及教学工具等方面的问题,将"学会教学"和"学会学习"结合起来,努力提升教学实践合理性,使自己成为学者型教师的过程。[1] 从这个定义我们能够看出,反思性教学是一种以教师专业化发展为核心理念的教学理论,它将两个"学会"看作是反思性教学理论实践的最终目的,要求教师把自身的教学理念、教学技能和教学艺术加以实践反思、整合重建,同时在教学实践后加以验证、修改和完善,从而达到提高教学效果,优化教学过程和推动教学发展。

国内学者郭根福认为:所谓反思性教学实践,是指一种回忆、思考、评价教学经验的活动过程,它是对过去经验的反馈,同时又是作出新的计划和行动的依据。反思性教学实践要求教师在实践中反思时间的内容和结果,分析其背景蕴涵的理论知识,提出解决问题的假设,周而复始,循环往复,不断发展。[2]

北京师范大学林崇德教授认为:"一名优秀教师等于教育过程加上反思。"他分别从认知心理学、教师心理学两个不同的角度提出了"教师教育教学监控能力"的概念,强调"青年教师的教育工作,通过教学反思和教学监控,使自己与优秀教师更接近了一步。"他认为:"人的主观能动性的重要体现之一就是具有反思意识和反思能力,并对自己的内部心理和外部实践活动加以分析和认识。教学监控的实质就是反思。"[3]

---

① 熊川武:《反思性教学》,华东师范大学出版社 1999 年版,第 3 页。

② 郭根福:《让教师在反思性教学实践中成长》,《人民教育》2003 年,第 1 期。

③ 王丽春:《中学教师反思性教学的调查和分析》,南京师范大学硕士学位论文,2003年,第 10 页。

国内学者张润林认为："反思性教学是一种教学思想，反思贯穿于教学始终，是一条教学原则，强调教学目标的全面性。"[1]

东北师范大学王春光认为："反思性教学是教师在一定的教育理论指导下，对过去教学经验的一种回忆、思考、评价的活动过程，它是对过去经验的反思，同时又是做出新计划和行动的依据，以达到提高教育教学质量，促进学生进步和提升教师自身素质发展的目的。"[2]

对反思性教学概念作一概览，可以发现，反思性教学在人们的使用中大约具有以下几个层次的含义：[3]

第一，将反思看成是在教师教学实践中考虑价值和意义的深思熟虑的过程，鼓励教师通过记录自己的观察和经验以及辨明日常课堂决策的伦理道德和政治意义而使自己成为新型的教师，要求教师形成批判性分析的技能，掌握有关教学及相关背景知识，形成开放的心态和自我反省的意识。

第二，从实用的专业知识的角度理解反思性教学，认为批判的思想依赖于对复杂的课堂教学过程的理解，成为反思型教师的关键在于形成一种有关教学和学习的语言和思维方式，而这是可以通过对经验的研究领域进行批判的检验获得的。

第三，将反思型教师视为一种具有个人教学哲学的教师。教师要对自己和他人的教育信念进行批判的检验，并形成自己对教学和学习的具有逻辑内在联系、能够清晰表述的观点。

第四，以教师专业化发展为核心理念，将"两个学会"看作是反思性教学理论实践的最终目的。这要求教师把自身的教学理念、教学技能和教学艺术加以实践反思、整合重建，同时在教学实践后加以验证、修改和完善，从而达到提高教学效果，优化教学过程和推动教学发展的效果。

---

[1] 张润林：《反思性教学》，《外语教学与研究》2004年，第7期。

[2] 王春光、郭根福：《反思性教学实践与教师素质提高》，《中小学教师培训》2003年，第4期。

[3] 吕洪波编著：《教师反思的方法》，教育科学出版社2006年版，第15页。

总体来看，反思性教学不仅仅是回忆或回顾已有教学活动和教学行为，而且要通过教学主体的不断探究、质疑，找到其中的问题和答案，审慎地考虑教学实践并不断校正不正确的教学行为，合理地进行自我评价，追求教学实践的合理性，指导自己未来的教学行动，使自身的教学具有发展的价值、创造的价值和自我实现的价值，使教师发展成为学者型教师。

综上所述，高职院校思想政治理论课反思性教学，就是在思想政治理论课教学实践过程中，教师对自身的教学行为不断地进行反思的一种行为，是对教学行为和教学过程进行批判地、有意识地分析与再认知的过程。它需要教师在教学实践活动中积极关注自身的教学行为和具体的教育情境，以开放的心态接纳不同的观点，从多个角度积极思考问题、研究教学活动，并对自己的选择与行动负责。

四、反思性教学的特征

与传统教学相比，反思性教学具有如下特征。

（一）科学探究性

探究即探讨和研究，是人们认识、理解和改造周围世界的重要方式。反思性教学观是建立在现代教学理论基础上的科学教学观，基本观点与传统消极学习观相对立。它以探究和解决教学基本问题为基本点，因而具有探究的性质。反思不仅仅是回忆或回顾已有的心理活动，而且要找到其中的问题以及答案，也就是从自己活动的经历中探究其中的问题和答案，重构自己的理解，激活个人的智慧；不仅解决问题，更注重学习创造性与主体性人格培养，并以此作为反思性教学的主要目的。

这种科学探究性主要表现在四个方面：

第一，反思性教学的主体之一——教师，既是专业人员、发展中的个体，又是研究者。反思性教学不仅仅是回忆或回顾已有的教学活动和教学行为，反思型教师更要不断反省、研究和探讨自己的教学实践，审慎地考虑：教学是否合乎预设的教学目标，是否合乎学生认识发展的水平，是否合乎教学过程的规律等等。而教师作为持续发展的个体，需要通过持续不断的学习、探究历程来提升其专业水准和专业表现。教师作为研究者，必须时刻关注影响教学的所有要素和行为，包括对学生学习状况的研究和关心，对教学内容与教学方法之间匹配关系的研究，对教学内容、教学方法与学生接受能力之间匹配关系的把握等等。不断矫正不正确的教学行为，合理地评价自我，追求教学实践合理性，指导未来的教学行动。

第二，教师还要以一种开放的心态和视野，关注当今教育思潮的发展动向，审视自己教学过程中所用理念的正确与否，及时调整和修正自己的教学行为，使之跟上时代的步伐和教育发展的需要。

第三，从反思的实质来看，反思本身就是一种研究性活动，是一种质变性的学习方式。"当一个人透过批判性的自我反思来修正旧有的或发展全新的假设、信念或观看世界的方式时，质变学习就发生了。质变之后，学习者不再是原来的自我，而是思想意识、角色、气质等多方面显著变化了的学习者，类似于蛹化蝴蝶或丑小鸭变白天鹅的过程。"① 没有教学研究就没有真正的教学反思。

第四，教师的行动研究所蕴涵着的两个基本理念，即"在实践中学习"和"实践者成为研究者"，表明反思性教学所体现的研究性特质。

（二）思维批判性

反思性教学强调教师对教学行为的积极思考与批判分析，反对机械地灌输和简单的重复。教学是一种复杂的智力活动，教师应该进行积极思考，通过思考而变得睿智和成熟。同时，反思性教学是探究取向的，要求教师以批判的眼光看待教学中出现的问题，并善于通过积极的探究寻求问题的答案。通过对教学实践的反思，教师自觉地对自身已有的教学活动，以及教学活动中所涉及的相关因素（如教学情境、教学观念、师生关系、教学方法、备课情况等）进行持续的、批判性的审视、思

---

① 姚远峰：《试论反思与成人学习研究》，《河北师范大学学报（教育科学版）》2009 年，第 5 期。

考、探究和改进，从而调节并改善自身的师德品质，不断提高教学能力和教学质量。这种反思，就是一种自我批判、自我教育、自我反思和自我提高。可以说，反思思维的实质是批判性思维，经常批判性地、反复深入地思考问题，知识结构就会进一步完善、牢固，思路会更开阔、更灵活，见解会更深刻、更新颖。使学生在批判中学，教师在批判中教，善于思考，勤于探究，从而使自己更加睿智和成熟。

（三）目的明确性

反思性教学是教师对自身教学活动的元思维过程，是一种目的明确的研究过程；从直接层面上说，是对自身教学过程中教什么、怎样教和为什么这样教的省察和反思；从更深层次上说，是对自身的师德修养、教学理念、师生关系等的理智化的暗示、假设、推理和检验。因而，反思性教学的目的在于有效解决教学中的问题并提高教学质量，它首先关注教学的目标和结果是否有效达到，具有明确目的。教学作为一种社会活动，一开始就指向于特定的教学目标。从短期的课时目标到长期的学年目标，这些目标使教学活动具有了目的性。教学目标是先于教学活动的。教学活动都会产生一定的教学结果。反思性教学从一开始就关注预期的教学结果是否与既定的教学目标相符，从而采取相应的措施来实现教学目标。这意味着反思性教学不是简单地例行公事，而是有意识地反思教学活动，朝着有效实现教学目标的方向努力。

（四）主体发展性

有人提出"教师一定要思考的四个问题"：第一，作为教师为什么而教？怎样教？第二，学生为什么要学？怎样学？第三，什么样的人有资格做教师？我们有资格做好教师吗？为什么教育的使命落到我们身上？第四，教与学最终的目的是什么？我们究竟要把学生培养成为什么样的人？[①] 这四个问题颇耐人寻思，它关涉教的本质、学的本质、教学的终极目的，这也是反思性教学的根本问题。反思性教学以"两个学

---

① ［英］爱恩·戴维斯：《教师一定要思考的四个问题》，冯怡译，中国青年出版社2007年版。

会"为目的，是教师和学生共同成长发展的过程。反思性教学要求教学主体不断地探究和解决教学问题，而问题的解决取决于教学主体认识的发展。因此，反思性教学是将"学会教学"和"学会学习"相结合的、促进师生共同发展的教学实践。当教师全面地反思自己的教学行为时，就会从教学前、教学中、教学后等环节获得体验感悟，理解学习、教学、课程和评价是一个动态过程，需要在不断反思中进行调整、改进和创新，使自己的教学更加成熟、睿智。凡善于反思，并在此基础上努力，提高自己教学效果的教师，其自身的成长和发展的步伐就快。当学生反思自己的学习时，通过自我认识、自我分析、自我评价获得自我体验，认识事物、掌握知识、运用知识的能力就会迅速提高。

（五）对话合作性

反思性教学的主体包括教师个人与集体、学生、专业研究人员。教师个人与集体、学生、专业研究人员是实施反思性教学的三个核心要素，构成了反思性教学的四位一体关系。教师个人的自我反思、教师同行间和师生间的合作对话、专业研究人员的专业引领以及全员跟踪推进，是实施反思性教学的四种基本力量，缺一不可。因此，反思性教学不同于传统课堂教学中师生、同行间极少交流的个人活动。它是一种群体反思活动，不可避免地要依赖与同伴的合作及专业人员的引领，除强调师生之间在课堂内的双向反思探索活动之外，还要求教师之间、教师与专业人员之间在课前、课后进行群体的交往与沟通，反思教学中存在的各种教学问题，探讨问题解决的方法、途径，以助成教学实践的日趋合理。

（六）循环上升性

由于反思性教学过程依赖于教学主体对信息的加工，因而反思性教学重视运用科学的认知方式和策略，尊重学生学习的认知规律。它是一个循环或螺旋式上升的过程，以探究和解决教学问题为基本点，强调的是发现问题——探索问题——解决问题的过程，即教师在教学中以具体问题为起点，针对该问题展开探究与反思，最后解决问题并将改进的计划付诸行动。在这样一个循环或螺旋式的过程中，教师通过动态的反思与行动对其教学实践进行管理、评价和修正，从而不断提高教学实践水平。

（七）实践操作性

反思性教学以解决问题为基点，立足于教学实践行动中客观存在着的真实问题，得益于行动研究的实践运用。在目的上，"行动研究意在帮助实践者省察其自己的教育理论与自己的日常教育实践之间的联系；意在将研究行为整合进教育背景，以使研究能够在改进实践中起到直接而迅捷的作用；并且力图通过帮助实践者成为研究者，克服研究者与实践者之间的距离"①。教学过程中的行动研究是实践和反思相结合的研究。它基于教学实践，使教学理论与教学实践联系在一起，直接指导教学实践，使得特定情境中的教学实践者能够对自己的教学情境有真正的理解，并做出明智而谨慎的决定。因此，反思性教学通过行动研究的运用，更加重视教学的实践操作性；同时，反思性教学追求教学实践的合理性，必然要求反思后的新的教学假设和新的教学改进也要经过实践检验。反思性教学的反思不只是内隐的思维活动，还是外显的实践行为，反思的结果或改进的措施要得到实践的检验，以确保反思性教学越来越具有合理性。

（八）创造鲜明性

反思性教学由于所反思的问题是来源于教学实际的"真问题"、"活问题"，通常没有现成的答案，没有千篇一律的准则，也无章可循。因此，其解决办法往往更需要创造性。善于反思的教师往往个性鲜明，注重"具体的"、"特定的"教学情境，能够根据学生的身心特点因材施教，能够创造性地处理偶发事件，不以既定的方法行动。反思性教学旨在通过研究教学问题探寻教学改革的思路，使教学过程向合乎教学规律、适应学生接受水平的方向发展。这种不断追求完善的教学品质反映的正是教师的创造性和精益求精的师德风貌。

---

① 饶从满、王春光：《反思型教师与教师教育运动初探》，《东北师大学报（哲学社会科学版）》2000年，第5期。

第二节　反思性教学与传统教学的对比

教学是教与学的共同活动，是学生在教师有目的、有计划的指导下，积极主动地发展智力、能力，逐步形成科学的世界观、人生观、价值观和良好的道德品质的过程。

一、反思性教学与常规教学的异同

（一）常规教学的过程

常规教学（亦称操作性教学），是指教师凭借自己有限的经验进行的简单重复的教学实践。

常规教学由两部分组成：教与学。教的方面有备课、上课、课后辅导和检查等环节。与之相应，学的方面有预习、听课、课后作业与自习等步骤。

1. 常规教学的教

（1）备课

备课是教师为上课而做的准备工作。它是教师充分地学习课程标准，钻研教材，积累有关资料，选择教学方法，撰写教学计划等的过程，是教师不断提高自身素质的有效途径，是教师有效上课的重要前提。

备课要做到"三备"，即备教材、备学生、备教法。

备教材就是要钻研教材，吃透教材，把握教材主旨及内涵，通常包括钻研课程标准、教科书、原著以及有关教学参考资料。教材是按照课程标准、教学大纲和教学法的要求，系统而简明地阐述各学科内容的书籍，也称教科书或课本。课程标准是规定某一学科的课程性质、课程目标、内容目标、实施建议的教学指导性文件。教学大纲是根据教学计划，以纲要的形式规定各门学科教学内容的指导性文件。原著是作家所写的经典著作。教学参考资料是指思想政治理论课教师钻研某一门课程所需要的辅佐材料，如学习指导，疑难问题解答，案例分析题，相关文件和论文等。教师要做好备课工作，首先要掌握课程标准和教学大纲。课程标准和教学大纲是学科或课程的纲领性文件，以此规定了该学科或课程的教学目的、教材体系和基本内容以及教法上的基本要求。教师只有理解课程标准和教学大纲的实质，才能与时俱进、游刃有余地钻研教材，确定目标，探索创新，指导教学。其次要将本学科不同层次的教科书大部分或者全部浏览一遍，以便高屋建瓴，把握本学科的理论体系。再次要精读自己所授课程的教科书，做到对体系脉络了如指掌，准确地确定重点和难点。最后要泛读原著和教学的有关资料，不断丰富自己的知识，达到懂、透、化的需求。"懂"是掌握教材的基本结构；"透"是对教材融会贯通，使之成为自己的知识体系；"化"是指教师的思想感情、认识体验和教材本身的思想性、科学性融合在一起。①

备学生，一般指了解学生的学习目的和态度、情趣与需要、方法和习惯、家庭情况和学习基础，以及智慧水平、思想状况和身体条件等。高职大学生既不同于普通高校大学生，也不同于初、中等学校的学生，也不同于社会青年。"问题学生"不同于普通学生，高考录取的学生与中高连读的学生与五年制学生素质和表现都不一样。学生是教学的主体之一，也是教学发展的对象。学是教的依据。只有全面地了解学生，才能科学地、切合实际地确定教学的起点、难点、关键、深度和广度，使教学有的放矢，符合学生实际。所以，教师既要掌握全班学生的一般特点，又要尽可能知晓每一位学生的具体情况。要根据学生的实际、知识底蕴确定课堂的重难点、选定突破口。脱离了学生实际，课备得再好也是纸上谈兵。既不能把教材的内容提升过高，使学生难于接受；也不能泛泛而谈，降低标准。只有备好学生，充分了解学生，才能不留遗憾，少走弯路，少重复弥补。

备教法，是指教师在全面钻研教材和确实了解学生的基础上，要选

①　熊川武:《反思性教学》，华东师范大学出版社1999年版，第208页。

择切实可行的教学方法。教学方法本身既包括了教师的教学方法，也包括学生学习的方法。在教学中常用的方法有：讲授、讲解、谈话、参观、演示、实习、练习、课堂讨论等方法。教无定法，好的教学方法既要体现对知识认知的逻辑关系，更要符合学生的认知能力、认知兴趣和认知习惯，真正把教材中的知识信息通过教师上课的环节传递给学生，并且使这种传递更大程度上调动出学生的主观能动性，真正实现启发式教学，提高学生分析问题、解决问题的能力。

备好课是上好课的先决条件。上课前，教师要编制好"三个计划"，即学期教学进度计划、课题（单元）计划和课时计划（教案）。

学期教学进度计划，是对一学期的教学工作所做的整体计划。它一般在学期开始前编制出来。其内容主要包括：学生情况的简要分析，学期教学的总要求，教学内容的章节和课题，每一课题的教学时数，需要的教具，参观、实践等活动的安排，教学改革的设想等。

课题（单元）计划，是一个课题或单元教学开始前，教师对这个课题的教学作出全面的考虑和准备而制订的计划。包括：课题名称、课题教学目的、课时划分、每一课时的教学任务与内容、课的类型、主要教学方法等。

课时计划，即教案，是关于教师课堂教学的最直接、最具体的计划，是保证和提高教学质量的关键因素之一。主要包括：班级、学科名称、授课时间、教学内容、教学目的、课的类型、主要教学方法、教具、教学过程等。其中，教学过程是教案的基本部分，内含教学纲要和教学活动安排、方法的具体运用和各组成部分的时间分配。

当然，教师在备课过程中，也要准备好教具。这是教师进行教学所使用的辅助性工具，包括：挂图、实物、幻灯、录音、教学电影等。它有助于学生获得感性认识，加深认识的理解，形成正确的概念。

（2）上课

上课是教师施教的中心环节，是教师通过具体的操作，引导学生达到教学目标的活动。上课成功与否是检验备课是否充分的标志。一堂成功的课应符合如下要求：教学目的明确。确定一堂课的教学目的，应以课程标准和大纲以及学生的实际为依据，既要明确，又要具体、恰当。教学内容正确、充实。内容正确是指教学内容准确无误，符合科学性和思想性，既能正确处理教材，抓住关键，突出重点，分析难点，又保证知识的系统性、连贯性。内容充实是指要有一定的深度、广度，同时注意引进新的信息，更新知识。教学方法适合。方法要符合启发性，具有趣味性；课堂教学组织合理，整个课的进程安排得井井有条，环环相扣；课堂教学艺术性强；教师的教学基本功好；教师的语言清晰、准确、生动、形象，速度适中，声调高低得当，板书正确、工整、美观，教态亲切、自然；教师对学生感情深厚，态度和蔼可亲，作风民主，仪表端庄，举止从容大方。

上课的基本环节包括组织教学、复习旧课、讲授新课、归纳总结、巩固练习、布置作业等。

组织教学主要是引起学生的学习动机和兴趣，激发学生的好奇心和探究欲。教师可以利用提问题、讨论等方式来激发学生兴趣。

复习旧课的主要功能在于使新旧学习任务之间能顺利过渡衔接，引起学生对课题的关注，传达教学的意图，做好学习的准备。

讲授新课是上课的主体部分，教师要精心选择和组织课程资源，通过讲解和练习，要求学生对所学的内容能有实质性的理解并初步掌握。

归纳总结是对教学内容进行梳理、归纳、总结，加深巩固学生所学知识并使之系统化。

巩固练习是教师通过适当的练习，一方面及时判断学生初步习得的新知识是否透彻完整；另一方面也可以促进学生深化理解旧知识，并找出学习中的问题。

布置作业是课堂教学的继续，是教学活动不可缺少的有机组成部分，是学生巩固所学知识和反馈教学信息、改进教学的重要手段。布置作业要注意：目的要明确；题目要精选，应具有典型性；题量要适度，难度要适中。

（3）课后辅导与检查

课后辅导与检查，有助于学生摆脱学习上的困境，纠正学习中的错误，发现自己的不足。包括个别辅导和集体辅导两种形式。其内容包括补课、指导作业和答题等。课外辅导可以弥补课堂集体教学的不足，是适应学生个别差异、因材施教的重要措施。

（4）教学评价

教学评价是对教师上课和学生学习情况的判断，可以给师生提供有关教学目的达成度、教学过程合理性、教学方法有效性等方面的信息，以便师生调节自己的教与学的行为。

2. 常规教学的学

（1）预习

预习是与教师的备课几乎是同时发生的学生的活动，是学生在听课前自学教师要讲授的新内容的活动。经教师指点和安排进行的有计划、有目的的预习，可使学生发现疑难问题，带着问题走进课堂，听课的目的更加明确，积极性更高涨，思维更活跃，对改进教学、提高教学效率与质量有重要的意义。预习内容包括：复习有关知识、收集有关素材、阅读有关资料、预习教材等。

（2）听课

听课是与教师的上课如影随形的学生活动。听课质量的好坏是衡量上课质量的基本尺度，是教的效果能否转化为学生身心发展效果的至关重要的环节。学生认真听课，应做到：学习目的明确，注意力集中，主体意识强，学法合理。

（3）课后作业与自习

课后作业与自习既可为教师提供教学效果的反馈信息，又可促进学生巩固自己的学习。

（二）常规教学与反思性教学的比较

常规教学的基本特征突出表现为经验性和重复性，即缺少批判和创造。这样的教学行为是反应的而非反思的，是直觉的而非理性的。这与反思性教学是相对立的。

常规教学教的方面有备课、授课、课后辅导和检查等环节。与之相对应，学的方面有预习、听课、课后作业与自习等步骤。这些在反思性教学中同样存在,但反思性教学以追求教学实践合理性为主要动力,在具体的实践中,显出比常规教学更具合理性和优越性。

1. 对教学主体的确认不同

常规教学对教学主体的确认,总是过于强调教师或学生某一方。这必然使教师听命于行政命令,受约束于规定的大纲教材,被动满足社会与学生的需求。而反思性教学则将教学分为教与学两方面,把教师确认为教的主体,它要求教师通过研究自己的情况,针对自己的主观性进行反思,以便能"学会教"。即在教这方面,确认教师的主体角色。但它并不排斥学生在学中的主体性,而实际上它以师生分别担当教与学的主体,强调了师生在整个教学活动中共为主体,二者既对立又统一。一切教学活动,教师和学生一起参与,都应该且必须发挥着主观能动性。

2. 根本动力不同

常规教学的最根本动力是"国家规定的遵于社会需求的满足",根据国家颁布的教纲教材在施教的过程中,教师行动听命于外部的命令和受制于一定的规范。其动机是对固有的规定高度机械性执行,其驱力主要是来自社会的压力。而反思性教学的最根本动力是"追求教育实践的合理性"。其动机是教师主观上明确了对教学实践行为的合乎实践理性,即合规律性与合目的性的统一的追求。其驱力,来自教师自觉要让行为合于实践的心理需求——"求知意愿"。这种追求,完全是教育者的主动追求。

3. 追求目标不同

常规教学追求的是学生的发展,忽视了教师这一教学主体的内在需求。而反思性教学以"两个学会"为目标,既要求教师教学生"学会学习",全面发展学生,又要求教师"学会教学",自身获得进一步发展,直至成为学者型教师,不仅有发展学生的目标,而且有发展老师的目标,是教师专业化的必然途径。

4. 教态积极程度不同

常规教学中,教师往往凭经验办事,缺乏对教学的积极态度。杜威在《我们如何思维》中认为，教师在进行教学反思时必须具备开放的心态、高度的责任感和全心全意的执著精神。这就要求教师必须养成积极的教学态度。开放的心态是指教师主动从多个方面听取意见，关注各种可能性，并认识到可能产生的错误。显然，教师在反思时要有挑战自己偏见和缺点的勇气。高度责任感包括认真思考教学行为结果，关注教学所负载的道德与伦理意义。教师的一切行为都会对学生产生影响，因此教师要对自己的行为负责，对价值问题要作出合乎理性的判断。在教学过程中，做什么，如何做，以及为什么这样做都需要教师认真思考。执著精神是指教师要全心全意地投入到教学实践中去。这些要求体现了反思性教学以学生的发展为本的教学理念。

5. 反思与调控程度不同

常规教学以发展学生为最终目的，教师只了解自己教学的结果，喜欢问"怎么样"，是在被动地满足社会与学生的需求。而反思性教学以问题为基本点，问题激发反思，教师不仅想知道自己教学的结果，而且要对结果及其原因等进行反思，总是问"为什么"。这种追问（问为什么）习惯，往往促使教师增强问题意识和解题能力。提出问题和解决问题存在于教学的全过程中；以改进教学为目标，以"两个学会"为目的，及时反思并有效地调控贯穿于教学的全过程。

6. 评价方式不同

常规教学中，分数基本是衡量教师教的效果和学生学得好坏的唯一标准。部分教师为了教得高分，忽视了自身的道德修养与价值观念等；部分学生为了得高分不惜一切代价，死记硬背课本内容，这样就产生了很多高分低能的学生。也有部分学生认为"60分万岁"，考试及格拿到毕业证就万事大吉。反思性教学中，分数只是考核教师的教学效果和学生学习效果的一种手段，但不是唯一的手段。反思性教学强调科学评价与人文评价的统一，即事实判断与价值判断融为一体。

7. 师生关系不同

常规教学以教师为中心，教师的角色定位是把自己知道的知识传授给学生，只要熟悉教材，表述清楚就尽到了教师的职责。教师在学生的眼中是高高在上的。而反思性教学以"两个学会"为目的，教师要学会教学，学生要学会学习，教师不再主要是传授知识，而是以指导学生学会学习为中心。教师应以学生为主体，一切以学生为中心，充分尊重学生的人格，关心学生的成长，努力创造宽松和谐、生动活泼的教育环境，帮助学生去发现、组织和管理知识。教师是学习活动的参与者，师生是团队的合作者，师生关系是科学、民主、平等的。

8. 教师间的关系不同

常规的课堂教学往往是单个人的行为，教师很少与其他人发生互动，在课堂内不与学生进行沟通、讨论，热衷于单向灌输，在课堂之外很少与其他教师合作，商讨，反而相互贬抑，拆台。这样，教师之间不能交流思想，分享经验，也就很难发挥教师团体的力量，共同促进教学。反思性教学是一种群体反思活动，它是在强调师生之间在课堂内的双向反思探索活动之外，还要求教师之间在课前、课后进行群体的交流，反思教学中存在的各种教学问题，探讨问题解决的方法、途径。开展群体的反思有助于教学实践的日趋合理。

可见，在以培养具有必要的理论知识和较强的实践能力，在生产、建设、管理、服务第一线从事实际工作的高素质技能型人才的高职教育中，反思性教学比常规教学更能体现人文精神，也有更利于教育者及教育对象二者的个性的显现和发现。

二、反思性教学与其他高职思想政治理论课教学法的比较

所谓高职院校思想政治理论课教学法，主要是指高等职业技术院校思想政治理论课教育中，教师为了全面提高学生的素质，在教学中所采取的以现代教育思想和技术为基础的步骤、方法和手段。

目前，我国普遍采用的高职思想政治理论课教学法主要有：理论灌输法和社会实践法。

（一）理论灌输法

理论灌输法是指在高职院校思想政治理论课教学中，通过正面的教育、启发和引导，使大学生掌握马克思主义基本理论，提高道德修养，并以此作为行为规范和依据的教学方法。在这里，我们要认识到理论灌输是必要的、基本的方法，任何理论教育都包含灌输的层面，但要将理论灌输与具体的灌输方法区分开来，灌输教育要在灌输理念、灌输手段、灌输方式上实现创新和发展。

理论灌输法依据教学过程中主体地位的不同，主要包括：教师主导法、学生主体法。

1. 教师主导法

教师主导法主要是指在教学中教师处于主导地位，处于演员地位，学生处于观众地位。其突出的特点是教学活动中教师是教学活动中的中心，教师作为演员，其表演的思想水平和艺术水平影响到台下观众的兴趣和收获。教师主导法主要采用的教学方法就是传统的讲授法。

所谓讲授法，就是通过教师的口头表达、讲述，向学生传授知识，培养能力，进行思想教育的方法。它是最传统的教学方法，也是教师们最为熟悉的。讲授法在以语言传递为主的教学方法中应用最广泛，且其他各种方法在运用中常常要与讲授法结合。讲授法适合于一些内容抽象、复杂的课程，教师希望在较短的时间内让学生明白、理解和掌握相关知识。

讲授法有多种具体方式：讲述法、讲解法、讲读法、讲演法。

讲述法是指教师就某一课程的内容按照逻辑联系，通过列举事实、材料引出原理、观点和概念的方法。它要求教师叙述要思路清晰，结构严谨，有吸引力，描述要生动形象，启发想象，有感染力。它的特点是：通过教师充满激情、声情并茂的围绕观点的分析，以生动形象、抑扬顿挫、条理清晰的语言列举生动形象的事例说明其观点，以突破难点。

讲解法是指教师用简明的语言阐述、分析基本概念和原理的教学方法。它要求教师要在讲解时逻辑清楚，突出重点，在理解教材的基础上设计教学语言，深入浅出，言之有物，论之以理，并注意符合学生的认识规律，从具体到抽象，从感性到理性。它的特点在于教师通过全面、深刻和准确的分析、讲解，使学生正确领会教材中的概念和观点，并内化为自己的思想，它比讲述法逻辑性和理论性要强。

讲读法是指教师根据学生文化程度较低的特点，针对重点和难点采用教师讲和学生阅读教材与有关资料相结合的方法使学生领会概念和原理的教学方法。它要求教师在平时应注意搜集有关材料，把朗读内容安排在恰当时机。它的优点在于可弥补教学语言的不足，增强讲授内容的生动性和可信性。

讲演法是指教师对与现实、与学生实际联系密切的问题进行理论分析的教学方法。它要求教师以翔实的材料、严密的逻辑、精湛的语言较系统地阐述原理，论证问题，归纳总结。教师在运用这一教学方法时，中间不插入或很少插入其他的活动。思想政治理论课讲演法包括专题教学法、案例教学法、问题教学法等。专题教学法是立足于教材和学科要点，按照一定标准划分专题，以专题为教学内容以实现教学目标的教学方法。案例教学法是指教师将现实生活中与教学内容密切相关的典型事例撰写成案例进行课堂教学，通过教师引导、分析案例，学生结合对案例讨论，充分表达自己的见解，以达到高层次认知学习目标的一种启发式教学方法。问题教学法是立足于教材和学科要点，针对学生的思想实际、时政热点、社会现实问题和学科前沿问题，按照问题组织教学的教学方法。

教师主导法以教师为中心，以传授书本知识为主，以教室为基本场地。其最大优点是：教师深入浅出的讲授，能够使抽象的概念、理论变得具体形象、浅显易懂，将知识信息直接传递给学生，使学生在认识过程中避免了许多不必要的曲折，能够使学生在短时间内获得大量系统的科学知识；而且教学进程容易控制，教学主题不易偏离，课堂效率比较高；同时，从理论的深度和社会现实的鲜活性着眼，理论贴近生活实际，贴近大学生活，充分运用音像资料的感染力，增强教学的说服力。但对于高职学生来说，他们所学的知识主要反映在应用层面，同时他们对这种单向的知识传输方式并不感兴趣。讲授法由于缺乏学生直接实践和及时作出反馈的机会，影响学生积极性的发挥，忽视个别差异的存在，难以唤起学生的注意和兴趣，不能启发学生的思维和想象，忽视了学生的创新意识、批判思维、职业综合能力的培养。

2. 学生主体法

学生主体法是指在教学中充分发挥学生的主体作用，学生和教师都是"演员"。其突出特点是教学两边活动开展得很好，改变了教师唱主角、学生唱配角的模式。

学生主体法有多种具体的方式：自学法、提问法、学生上课法、讨论法、竞赛法、写小论文法等。

自学法是指教师让学生主动参与教学，通过钻研教材思考问题、领会原理的教学方法，包括教师指导学生看书，看资料，做作业等。

提问法又称谈话法、问答法，是指教师根据学生已有的知识和经验，运用提问启发学生思考，使学生掌握知识、发展智力的教学方法。它的主要特点是，师生之间不像讲授法那样教师讲学生听，不是信息的单向流动而是信息的双向交流。师生在信息交流过程中，根据反馈信息调整和改善教学活动。思想政治理论课教师应教会学生运用已有的经验和知识提问，回答，并处理学生所提的问题，教师根据教学内容提出问题让学生思考，回答，同时学生把不理解的问题提出来让老师回答，借以获得新知识，巩固旧知识或检查所学知识。这种方法较易于集中学生的注意力，激发积极的思维活动，提高教学效果。要在课堂上正确使用提问法，思想政治理论课教师必须做到：（1）要做好充分准备，对提出的问题、提问的对象、学生可能如何回答、教师如何进一步做好启发引导等，都要思考得很周全。（2）提出的问题，要难易适度。提出的问题要明确、鲜明，使学生通过一番思考能够理解。（3）对学生所提出的问题，不宜选择死记硬背的记忆题，而应选择有较大自由发挥空间的问题。（4）提出的问题要面向全体学生，要使大多数学生通过积极的思考都能回答出来。（5）对学生的回答要积极引导和总结，给出正确的结论。在教学中尤其要注意：对学生提出的"怪"问题，教师不要简单地做出对或错的回答，因为，学生提出的"怪"问题可以生成教学资源，通过师生的反思促进师生知识与经验的积累。所以，教师应鼓励学生大胆思考，敢于提问，培养学生学习的积极性、主动性和创造性。

学生上课法是指在教师的指导下，学生担任"教师"讲解一部分教学内容的教学方法。该方法的特点是，教师引导学生主动查资料，写讲稿，试讲，正式讲解，评讲，锻炼了学生的胆量和实践能力。

讨论法是指教师组织和引导学生围绕焦点、热点、疑点问题各抒己见，展开讨论、对话、座谈或辩论等，进行知识和思想的交流以达成共识，促进学生知识、能力、素质协调发展，从而达到教学目的的方法。讨论法的优点在于：（1）针对性强，能够引起学生对学习的浓厚兴趣，学习更加积极主动。（2）有利于培养学生的独立思考和创新思维的能力。（3）有利于培养学生的竞争意识、合作精神。（4）有利于巩固和加深所学知识。在讨论过程中，不同的观点互相碰撞，互相启发，互相补充，有利于摆脱以自我为中心，促进学生相互交流，掌握各种社会技能。

竞赛法是指教师借助竞赛调动学生学习的积极性实现教学目的的教学方法，包括：辩论赛法、知识竞赛法、智力竞赛法、演讲比赛法、学术比赛法等。竞赛法的目的是：以赛促学，以赛带学。教师要善于激发学生的参赛热情，提高学生的参与意识，获得知识和发展智力。

学生主体法以学生为教学过程中的主体，明确地将教建立在学的基础之上，从学出发，把教师的引导、点拨与学生的主动学习有机地结合起来，有利于发挥学生的主动性，使学生更深入地理解学习过程，掌握科学的学习方法，训练科学思维，培养独立探究精神。学习过程应该是一个螺旋式上升的发展过程。学生在辨识问题、发现问题、反思问题、解决问题的过程中如何学会学习，如何培养批判性思维能力，提高分析、判断、理解和解决问题的综合能力。如何使学生切身体会到思想政治理论课对自己有用等等，这是现实需要我们不断思考和解答的问题。

（二）社会实践法

社会实践法是指在高职院校思想政治理论课教学中充分遵循高职院校的教学目标，即培养高职应用型高素质技术人才的要求，结合专业培养目标的要求，有计划地组织学生"以获取感性知识、进行基本技能训练、培养实践能力为基本目的"的教学活动，突出学生实践动手能力和技能的培养，强调理论联系实际，学以致用，使学生在实践中开拓眼界，增长见识，明白道理，提高能力的教学方法。具体包括：参观、访问、调查、服务、参加班团活动、研究课题、听报告、阅读经典著作、看电影电视录像、文艺晚会、心理咨询、法律咨询、模拟法庭、法庭旁听、社团活动、素质拓展活动等。

社会实践法是培养高素质应用型人才的重要途径。高职院校思想政治理论课教学要与高职院校的培养目标相结合，突出职业性；要与高职学生的现实需求相结合，突出实践性；要与时代发展的社会实际相结合，突出开放性；就要充分运用社会实践法，引导学生"入情"、"入境"，学以致用，最终达到内化为知，外化为行。

上述教学法在反思性教学中同样存在，但反思性教学以追求教学实践合理性为主要动力，不只是本分地完成教学任务，而且总是千方百计地追求更好地完成教学任务。在具体的实践中，反思贯穿于教学过程的始终，这种反思不同于苦思冥想，不是哲学上那种动脑不动手的沉思，而是跟行动密不可分的。反思性教学过程围绕问题的提出和解决而展开。这是一个具有明显的探究取向的循环过程，以问题开始，针对问题展开探究与反思，最后解决问题，并将改进计划付诸行动。反思的价值就在于师生运用他们获得的新理解不断地改进教与学的实践，使教学实践更趋合理、科学，并在实践活动中不断积累、建构和创造实践性知识，不断发展与提升自我。

第三节　反思性教学的优势

反思性教学以解决问题为基点，以追求教学实践合理性为主要动力，以改进教学、实现"两个学会"为目标。其优势表现如下。

一、关注教师学会教学，是教师专业发展的有效途径

教师专业发展是指教师在其专业素质方面不断成长并追求成熟的过程，是教师在整个专业生涯中，通过终身专业训练、专业信念、专业知识、专业能力、专业情意等各方面不断更新、演进和完善，获得教育专业的知识和技能，提高自身从教素质，成为一个有一定专业道德的教育专业工作者的成长过程。在一定意义上可以说是一个教师从"教书匠"转变成一个"教育家"的专业发展过程，或者说是教师这种职业由谋生手段变成事业的过程。

从 20 世纪 80 年代以来，教师专业发展日益成为人们关注的焦点和教育改革的热点之一。许多教育学者认为，教师专业发展的程度直接影响到教育改革的结果。推动教师专业发展的途径有很多，如教师的行动研究、教育科研、教师培训、反思性教学、叙事研究等等。"教师成长和发展的第一步，就在于教师自身的反思、教师自身对自身的评价和教师自身的自我改造。"[1] 可以说，反思性教学是推动教师专业发展的一个重要途径。

（一）发展教师的专业素养

反思性教学是教师以自己的教学过程为思考对象，对自己的教学行为、教学结果进行审视和分析，从中发现问题，解决问题，达到对教学实践的改进过程。反思能使教师对自己的教学理念、方法、手段和效果采取一种批判性态度，不断更新教学观念，改善教学行为，提升教学水平，形成自己对教学现象、教学问题的独立思考，提出创造性见解。

按照教学的进程，反思性教学分为教学前、教学中、教学后三个阶段。教学前的反思具有前瞻性，能使教学成为一种自觉的实践，并有效地提高教师的教学预测和分析能力。教学中的反思具有监控性，能使教

---

[1] 张华：《反思性教学的反思》，《内蒙古师范大学学报（基础教育）》教科版，2005 年，第 10 期。

学高质高效地进行，并有助于提高教师的教学调控能力和应变能力。教学后反思具有批判性，能使教学经验理论化，并有助于提高教师的教学总结能力和评价能力。反思性教学是教师专业发展的有效途径。"反思是教师之所以成为专业教师的核心所在。对于教师教育、监督和开发的建构应该可以使这种明确的反思以更加实用、更加彻底的方式进行。"①教师把审视的目光投向自己的教育教学活动轨道，就意味着对"旧我"所包含的教育理念和行为的扬弃，也意味着对未来发展图景的规划。这是一种自我超越和发展。它促使教师由不自觉到自觉，由他律到自律，由他教到自教的转化，有助于教师自我认识、自我教育和自我改造，从而提升自己的专业素养。

（二）提升教师的道德价值观

反思性教学要求教师确立自主的反思意识，积极主动地投入到对教学活动的思考与探究中去，成为自己专业发展的主人，而不是等待别人来安排自己的命运。因而，它要求教师把教育作为事业而不仅作为职业来追求。具有敬业精神的教师，无论何时何地，何种情况下都会自觉意识到自己的道德责任，不仅尽职尽责、一丝不苟地对待教育教学中的任何事情，更会自觉反思自己的教学行为。一个缺乏道德责任感的教师，除非有外界的压力，否则不会主动反思自己的教学实践活动。因此，教师应适应教育教学工作的需要，根据教师职业道德的原则、规范、范畴的要求，在道德修养方面进行自我锻炼，自我提高，实现道德内化，完成职业道德由他律到自律的升华。只有这样，才能在许多相互冲突的价值判断中，从有利于学生发展的角度出发，做出正确的决策，采取适当的教学行为。

（三）生成教师的教育智慧

叶澜老师提出，教育智慧是通过教师的实践探索，形成教师具有敏锐感受，具有抓住时机，具有善于在转化教育矛盾和冲突，具有吸引学生积极投入学校生活，热爱学习和创造，并愿意同教育者进行心灵对话

---

① 靳玉乐：《反思教学》，四川出版集团、四川教育出版社 2006 年版，第 82 页。

的能力；并指出教育智慧是教师专业素养达到成熟的标志，它既是各项专业要求在教师身上实现整合的结果，又是教师长期全身心地投入教育实践，不断反思、探索、创造所付出的心血的结晶。[①] 有学者提出，"教育智慧也是一种能力，这种能力产生于教育教学研究和实践的过程中，是教师专业素养的重要标志。"[②]

反思是形成教育智慧的基本途径。反思贯穿于教学过程始终，教师可以通过不同途径的反思形成个性化的教学，积累实践智慧；在反思过程中，教师既是行动者又是研究者，通过反思教学实践而形成实践智慧。

（四）开辟教师继续教育的新途径

近年来，我国虽然加强了在职教师的培训和继续教育，但实际的收效甚微。"你说你的，我做我的；培训过后，一切照旧。"培训主要采取教师阅读、听讲座等方式，教师始终处于附属地位，往往被机械地灌输一些现成的教育教学理论，仅仅掌握了学科内容、学科教学法、课程论、教育学、心理学等原理类的理论知识，理论与实践往往脱节。这对教师来说是远远不够的。更重要的是实践知识。而实践也绝不仅仅是这些理论知识的直接运用和过渡。从教育理论到教育实践是一个内化、发展的过程，其间无论是教育理论内化为教育观念，还是教育观念转化为实践性知识，都需要教师对自身的理论性知识、实践性知识及二者的沟通和应用进行反思、修正。

反思性教学的兴起，开辟了教师继续教育的新途径。在教学实践中，要培训教师观察与分析教学实践的能力，培养反思意识，以批判的眼光反观自身，包括自己的思想、行为、信念价值观、态度与情感，指导教师从事与教学密切相关的科学研究，提高教师的反思能力。同时，教师采用切实可行的办法，如叙事研究、行动研究、案例分析、教学日志、教学后记等，来体察与提炼教学实践中转瞬即逝的智慧火花或关键事件，从实际感受中发现教学中的问题所在，不断改进教学实践，提高

---

① 叶澜：《新世纪教师专业素养初探》，《教育研究实验》1998 年，第 1 期。
② 刘创：《教育智慧：教师专业素养的核心构成》，《湖南师范大学教育科学学报》2004 年，第 5 期。

自身素养。

（五）转变教师的角色

由于受着我国数千年来传统教学思想的影响，长期以来，我国教师将"传道、授业、解惑"视为自己的神圣职责。教学活动基本上是以教师传授知识为主。教师永远是而且当然是教学的唯一的主体。在传统的教室里，因为教师是主角，师生之间的互动少之又少。不难想象，学生在这种教学环境下的学习效果肯定会打折扣。而反思性教学的课堂中，学生不再是被动地接受知识的"观众"，而成了教学活动的"主角"。各项教学活动都是以学生为中心而进行的。教师的角色也不再只是单纯的知识的传授者，而是成了课堂教学中多重角色的扮演者——既是学生构建知识、提高技能的组织者和参与者，又是学生活跃思想、展现个性的引导者和促使者。教师既是引导者又是评论者，既是教育者又是受教育者。教师尝试着从学生的角度体验课堂教学，通过对话交流的方式，了解学生的想法，倾听学生的意见，感受学生的感受，凸显个性的差异性，尊重每个人的生命存在的价值平等性，这有助于教师在劳动中获得理性的升华和情感上的愉悦，提升自己的精神境界和思维品位，使教师能够体会到自己存在的价值和意义。

二、关注学生学会学习，是学生身心发展的实现路径

教育家斯金纳（B. F. Skinner）说："如果我们将学过的东西忘得一干二净时，最后剩下来的东西就是教育的本质了。"所谓"剩下来的东西"，其实就是自学的能力。高职院校不是职业培训中心，高职院校里的学习不仅仅是知识的获取，更是学习思维方式的转变。学习是一种理念，也是一种行动；是一种资源，也是一种能力。反思性教学要求教师教会学生"学会学习"，全面发展学生。

教育活动不是单纯的认知活动，而是包含着社会文化和伦理因素等的综合性实践活动。教师要掌握教学技能和技巧，要对教学过程及教学经验展开不断的反思，从而找到走进学生心理、与学生平等对话的

路径。

（一）唤醒学生的主体意识

在传统的思想政治理论课教学中，学生对教师的依赖性较强。一般情况下学生仅仅作为听众，很少参与教学过程，即使参与也只是作为"应答器"回答老师提出的问题，配合老师完成教学，缺乏以自己的思维方式对问题进行分析的能力，很少有自己的见解，只是被动地接受由教师传递的现成结论，很少考虑概念的产生及原理的实际应用背景；缺乏独立性、批判意识及学习的主动精神，甚至盲目地迷信教师这一权威。

在思想政治理论课反思性教学中，教师不再是站在学生前面的"指挥者"，而是在学生遇到困难时提供帮助，在学生解决问题时给予指导，在学生谋求发展时给予忠告的"指导者"或"顾问"。教师不仅仅是反思者，而且是学生反思活动的促进者。同时还是学习共同体中的一员，与学生一块思考，讨论，探索。在这一过程中，教师站在学生的角度考虑问题，不仅反思自己的教学行为，还会正确认识并纠正学生的错误。自己会犯错误，当然也应允许学生犯错误。重要的是在对错误的认识、反思、改正中前进。

学生也由被动接受变为主动地参与教学过程，不仅是教学活动的参与者，与同伴和老师共同学习的合作者，更是一个反思实践者。学生通过对自己的学习方式、认知特点等方面进行自我认识和自我评价，对自己的学习策略、计划等进行自我监控，以自己原有的知识经验为基础，通过对学习过程及结果的分析、反思，不断地丰富自己的认知结构；通过对教师和专家的观点进行质疑和批判，建构自己对意义的理解；通过主动与教师、同学进行交流和沟通，分享他人的成功经验和学习心得，并了解同伴或教师对自己的看法，从而全面地认识自己，改正自身的缺点和不足，形成正确的自我观念。

（二）培养学生的反思意识

成功的教学是教师教与学生学的统一。因此在反思性教学中，教师必须积极创造条件，引导学生自觉思考与探究。学生在学习过程中，感受到教师在教学过程中展现出的反思意识和批判精神，进而以此来指导自己的学习，不盲从，不唯上，不唯书，还对自己的学习进行自我监控和调节，不断地加强自身反思意识的培养，使自己获得全面发展。

（三）孕育学生的创新精神

学习不仅包含着记忆，也包含着质疑，更孕育着创新。教师应当让学生明白，知识往往只是一种可能正确的解释，不要把它奉为千真万确、毋庸置疑的真理。课本、教师和科学的权威都不能构成强迫学生接受知识的理由。应帮助学生驱除多年来形成的盲目服从传统和权威的惰性思维习惯，养成科学的认知态度。鼓励学生在学习中独立思考，大胆怀疑，对教材的结论进行严肃的、理性的质疑和反思，形成不盲从（或"不唯上，不唯书"）的实事求是的思想意识与能力，让学生懂得多元理解，以促进思维发展；让学生知道相悖理论，以孕育创新精神。

（四）激发学生的学习动机

反思性教学是一种批判性的教学实践活动。因为反思本身就是一种批判性思维。反思不断批判、否定着原有的思维和认识，推动人们的认识螺旋式前进，进入更高层次发展，从而达到对自身思维和认识过程的控制。通过对学习的反思，学生认识到自己的明确、具体的学习目的，快速融入到学习过程中，以一种积极的情感，善用否定、批判的眼光审视、分析自身的学习过程，发现问题，加以调整和纠正，使学习朝向预定的目标。通过反思性教学，学生不断积累自己的学习经验、研究经验、实践经验和社会经验，每一次的收获都会给学生带来成就感，为学生带来更多的乐趣和动力，促进学生持续、有效地学习。

（五）养成良好学习习惯

反思性教学让学生"学会学习"，改变学习方式，以饱满的精神状态积极参与课堂教学思维活动，学会并自觉地在已有的经验基础上建构自己的知识框架和理论体系，从而提高学习效果。同时，在遇到挫折时，学生也不再沮丧和鲁莽，而是学会了如何反思和评价自己的工作，并积极寻求改进的策略和方法。此外，学生通过反思也会意识到要取得成功，就必须大胆冒险，敢于实践，敢于犯错，敢于创新，并学会与他人合作，寻求外部的解决策略和方法。与此同时，学生在辨识问题，发现问题，反思问题，解决问题的过程中可以培养批判性思维能力，提高分析、判断、理解和解决问题的综合能力。

三、关注教学实践的合理性，提供改进教学的新思路

反思性教学突出教学的情境性、过程性、文化性与反馈性，这为改进教学、提高教学质量提供了新思路。

（一）探寻问题解决的最佳方案

反思性教学以探索和解决问题为基点，一方面，要求教师不断发现教学中存在的问题，这些问题既可以是普遍性的问题，也可以是特定情境下的临时性问题，还可以是部分学生或个别学生存在的问题，并要求教师针对具体问题寻找适当的解决方案，进而提高教师解决问题的创新能力；另一方面，反思性教学不仅能使教师发现教学中已有的问题，而且可以使教师发现在特定情境下出现的新问题，激发教师的求知欲，寻求解决问题的最佳方案，从而提高教学实践的成效。

（二）有效教学资源的持续生成

教学是一个动态的过程，在发现问题和解决问题的过程中，教师要及时把握课堂教学中生成的资源，对学生想错的地方要宽容，并帮助分析错误的原因，让错误也能激发智慧的火花；对有意义的生成，教师要有敏锐的课程资源意识，及时抓住这转瞬即逝的机遇多加合理利用，及时调整教学，使之成为激活学生的思维，愉悦学生的身心，张扬学生的个性，引导学生创新的契机。事实上，这也有助于教师自己的专业化成长，使课堂教学成为教学相长的平台。

（三）建立良好的师生关系

师生关系的好坏，直接影响着教学效果。在反思性教学中，追求教学实践的合理性，首先必须要建立良好的师生关系。教学过程不是教师教、学生学的简单相加，而是教学主体之间在相互理解、相互尊重、相

互信任和平等相处基础上进行的对话、交流和沟通。教师不再仅仅去教，而是也通过对话被教。学生在被教的同时也在教。师生互教互学，共同探求新知，形成一个学习共同体。共同体的成员保持思想的开放性，提倡不同思想、不同见解的充分交流，乐于进行自我批评，善于接受各种合理的意见和建议。教师不再是知识的权威，教师与学生之间进行平等的交流和对话。教师是学习者团体中的一个平等的成员，是"平等者中的首席"（first among equals），是与学生一起探究知识的顾问。因此师生之间是一种新型的反思关系，一种平等交往与对话的关系。①师生之间的对话，可以促进师生的自我认识。一方面师生能够从自己的实际出发，积极主动地把自己的认知结构之外的新的知识在对话中变成自己的精神财富，丰富自己的认知结构，从而拓展和丰富自己的人生经验及精神世界；另一方面师生能够对自己有一个客观、正确的定位，既能认识和觉察到自身的优点和长处，更能对自己存在的缺点进行反思。因而通过对话可形成对自我的正确认识，促进师生反思意识和反思能力的提高。

师生之间的交往是一种反思性的交往。在交往中，师生各自以他人为镜子，从中解读着自我，反思监控自己的行为，获得相应的发展。

在反思性教学实践中，师生深刻领会反思的价值，养成反思的良好习惯，掌握反思的技能，锻炼反思的毅力，在交往互动中进行智慧的碰撞、情感的交融和心灵的沟通，课堂成了一个有丰富内涵的个性表演的舞台，成了一方创造智慧的天地。正是在"反思——更新——发展——再反思——再更新——再发展"这样一个无限往复、不断上升的过程中，教师的发展得益于学生的发展，而教师的发展又为学生的发展提供了条件；教师能够建立科学的现代的教学理念，改变传统教学方式，将自己的新的理念自觉转化为教学行动，提高教学实践的合理性，改进教学。

（四）积极关注教学的目的和结果

反思性教学的目的在于有效解决教学中的问题并提高教学质量，它

① 王春光、郭根福：《反思性教学实践与教师素质提高》，《中小学教师培训》2003年，第4期。

首先关注教学的目标和结果是否有效达到，具有明确的目的性和指向性。教学作为一种社会活动，一开始就指向特定的教学目标，从短期的课时目标到长期的学年目标。这些目标使教学活动具有了目的性。教学目标是先于教学活动的，教学活动都会产生一定的教学结果，反思性教学从一开始就关注预期的教学结果是否与既定的教学目标相符，从而采取相应的措施来实现教学目标。这意味着反思性教学不是简单的例行公事，而是有意识地反思教学活动，关注教学方法和学生反应，对课堂气氛进行调控，加强师生之间的互动并关照个体的兴趣与需要，朝着有效实现教学目标的方向努力。

我国学者黄克剑曾说："教育所要做的可以放在三个层面上去理解，即授受知识，开启智慧，点化、润泽、成全生命。知识若没有智慧烛照其中，即使再多，也只是外在的牵累；智慧若没有生命隐帅其间，那或可动人的智慧也不过是飘忽不定的鬼火荧照。"显然，反思性教学中，教师需要对教学的知识、教学的智慧、自己的心灵进行反思，这样才能用自己的生命、精神、人格、灵魂去点化、润泽、成全学生，以实现师生的持续进步与提升。

第四章 设计：反思性教学的设计与策略

　　任何一种有关教育教学的理论，都必须服务于教学实践，接受教学实践的检验。反思性教学致力于消解教育理论与实践之间的二元分离，需要教师处理好理论与实践之间的关系，在解决实际问题中学会思考，学会应用，学会创造。因此，反思性教学必须是教师以自己及自己的活动为反思对象，并不断改进自己教学的真真切切具体实施的教学活动。

第一节　反思性教学的设计与实施原则

　　高职院校思想政治理论课反思性教学强调立足高职院校思想政治理论课教学实际，创造性地解决问题，将"学会教学"与"学会学习"统一起来，加速师生共同发展，最终在共同探索中提升教学实践合理性。它是一种旨在培养教师与学生具有批判精神和研究创造能力的教学过程。值得注意的是，开展反思性教学，绝不是否定讲授式教学的必要性和重要性。因为，教育教学目标的整体性和丰富性，要求教师的教学方式、学生的学习方式也必然是多样而变化的。反思性教学及学习不能完全取代其他的教学与学习方式，而应该是其他教学方式的一种补充。它继承和发展了布鲁纳"发现学习"的思想精髓，十分重视以学科课程的学习为基础，力求激活学生已有的知识与经验。

一、反思性教学的设计原则

教学是一项有明确目的的培养人的社会实践活动。[①] 反思性教学也是如此，要达到教学目的，需要教师依据一定的理论、思想进行教学，并结合自己对教学的理解和认识，对课堂中师生的各种行为做出周密的设计和审慎的考虑。

（一）目的性原则

任何人类实践都是有目的的活动，反思性教学也不例外，也必须以教育目的为指导。"教育目的是学校中一切教育、教学活动的出发点和归宿，它指导和制约着学校的一切教育、教学活动。"[②] 2005 年《中共中央宣传部、教育部关于进一步加强和改进高等学校思想政治理论课的意见》（教社政〔2005〕5 号）指出："高等学校思想政治理论课承担着对大学生进行系统的马克思主义理论教育的任务，是对大学生进行思想政治教育的主渠道。充分发挥思想政治理论课的作用，用马克思列宁主义、毛泽东思想、邓小平理论和'三个代表'重要思想武装当代大学生，是党的教育方针的具体体现，是社会主义大学的本质特征，是党和国家事业长远发展的根本保证。"这就是对我国当前高等学校思想政治理论课教育目的和任务作出的总体性描述，各级各类学校的思想政治理论课教育必须以此为指导，不得偏离其总体方向。反思性教学虽然是教学活动的新形态，但在具体教学实践中，在大方向的把握上，必须要以教育总目的为指导。

（二）规律性原则

所谓规律，即事物所具有的内在的、稳定的性质与特征。教学活动

---

① 徐英俊：《教学设计》，教育科学出版社 2001 年版，第 4 页。
② 李秉德、李定仁：《教学论》，人民教育出版社 1991 年版，第 44 页。

的基本特征有：（1）教学的目的、任务和内容同社会需要的相互关系；（2）教学与发展的相互关系；（3）教与学的相互关系；（4）教学效果与教学内外部诸因素的相互关系。[①] 这四点是教学中的普遍特点。毫无疑问，反思性教学也同样具有这些特点。因此，在反思性教学设计与实施的过程中，应该对这些特点予以重视并进一步探索反思性教学本身所独有的规律，保证反思性教学得到顺利的实施。

（三）可行性原则

反思性教学以解决问题为基点，因此，在设计问题时要适度，既不能过高，难以解决，影响教师搞研究的积极性；也不可过低，对实践没有实际意义。所以，问题的设计既要考虑到教师的能力范围，又要面向学生；既要有利于调动教师研究和行动、教学与反思的积极性，又要促进学生有效学习；既要考虑到反思性教学的实施条件，又要认识到影响反思的因素；否则，反思性教学的目的难以实现。

（四）开放性原则

反思性教学是一个多元的、循环的、开放的系统。在反思性教学过程中，教师个人与集体、学生、专业研究人员等一起参与，大大提高了反思性教学的实践性、科学性和可行性。同时，反思性教学是由教学计划、教学实际、教学体验三部分构成的一个连续统一体。一个周期结束后，师生可以根据教学实践中呈现的问题寻求最佳的解决方案，开始一个新的周期。在解决问题的过程中，要允许方法多样化，而且问题一般也没有确定和唯一的答案，使学生的创造性有充分发挥的余地。

（五）自省性原则

反思性教学是一种批判性的教学实践活动。因为反思本身就是一种批判性思维。反思不断批判、否定着原有的思维和认识，推动人们的认识螺旋式前进，进入更高层次发展，从而达到对自身思维和认识过程的控制。反思在一定程度上是自我揭短，是诱发痛苦的行为。所以反思的

———————————

① 靳玉乐：《反思教学》，四川出版集团、四川教育出版社 2006 年版，第 174 页。

关键在教学主体自身，其动力是师生的内驱力。反思是师生自我发展的内在需求，更是一种自主自觉的行为。在反思性教学的实施中，要强化师生的反思意识，培养反思技能，增强反思毅力，养成反思习惯，推动师生持续地、积极地自我反省，自我提高。

（六）继承与创新相结合的原则

反思性教学以解决问题为基本点，以追求教学实践合理性为主要动力，以改进教学为目标，以教师学会教学和学生学会学习的统一为目的，在培养具有必要的理论知识和较强的实践能力，在生产、建设、管理、服务第一线从事实际工作的高素质技能型人才的高职教育中，反思性教学比常规教学更能体现人文精神，也更有利于教育者及教育对象二者的个性的显现和发现。反思性教学克服了常规教学的缺陷，但它毕竟是一种新的教学形态，其理论还不够完善，缺少更为丰富的教学经验做支撑。因此反思性教学并不是对常规教学的全盘否定，它既吸收常规教学的合理成分，也立足于反思性教学的本质特征进行有效教学，将继承与创新结合起来，不断完善反思性教学理论体系。

二、反思性教学的实施要则

我国高等职业技术学院思想政治理论课教育在学生学习方式上的误区，在于用"接受学习"一种方式来对待所有形态的知识；或者说，没有认识到知识具有不同的形态，学习也必须采取不同的方式。反思性教学过程要顺利地、有效地实施，要求高职院校思想政治理论课教师应关注以下问题。

（一）反思性教学的思想为课堂教学模式改革提供了新思路

"创造性地解决问题"是反思性教学的重要特色。反思性教学批判那种盲目地要求学生死记硬背和机械练习的做法，要求教师根据具体情境创造性地运用教学方法，创造性地解决问题。诚如奥苏贝尔指出的那样，接受学习完全可以是有意义的学习，而发现学习未必一定是有意义的学习。他特别推崇的"有意义的学习"，指的是能够在新的知识与学习者已有的认知结构之间建立起了实质的、非人为的联系，而那种过分强调背诵记忆的机械学习，则没有能够建立起这种联系。从这里我们可以发现，反思性教学的思想和方法，为我们改革传统课堂教学模式提供了一种新的思路。

（二）反思性教学实施对当代高职生提出了新要求

反思性教学最大的特点是，在教学过程中学习者要靠自己的观察、经验、知觉、探索和思维来学习新知识。曾任美国副总统的戈尔曾对教育与学习的关系谈出自己的看法：教育就是培养学生的学习能力，教育就是当教师所讲的东西都已被忘记的时候仍然留在你的心中、帮助你正确解决千变万化的新鲜问题的东西。这种学习能力是 21 世纪人类要掌握的最重要的技能。

当代高职学生在反思性学习中，要获取最优学习效果，必须具备下面几个条件：

1. 要学会读书。许多名家认为，读书的诀窍是把握要领，摒弃累赘。这就是要在阅读的书籍中，找出可以把自己引到深处的深刻东西，而把其他一切通通抛掉，抛掉使自己头脑负担过重和会把自己诱离要点的一切。

2. 要像演员那样进入角色。因为运用反思性教学方法要培养的是学生的个性思维和创造性思维能力。学生应像科学家那样发现、验证科学原理，像科学家那样去思考问题，去经历失败，去尝试成功。一个学生如果进入高年级后，学习仍不能进入角色，那么，在未来的工作中，特别是在那些需要有所突破的领域里，他就会无能为力。

3. 要敢于提出假想。假想，从小的方面来说，是根据现有的资料对问题提出试探性的解决方案；从大的方面来讲，假想也可能就是科学上重大突破的前奏。学生若能够提出科学假想，除了对某学科的发展方向、现有成就等有很好的了解外，更重要的是具有创造性思维的能力，能对现有的科学成果来一个"升华"，把它提到一个更高、更新的水平。学生只有在学习中不断地、独立地提出假想，并加以验证，创造性的思维能力才能得到锻炼提高。

（三）反思性教学要求教师具有积极的教学态度，形成反思习惯

何为积极的教学态度？在《我们如何思维》中，杜威认为教师在进行反思性教学时必须具备开放的心态、责任心和全心全意的执著精神。开放的心态是指教师主动从多个方面听取意见，关注各种可能性，并认识到可能产生的错误。显然，教师在反思时要有挑战自己偏见和缺点的勇气。责任心包括仔细地思考教学行为结果，关注教学所负载的道德与伦理意义。教师的一切行为都会对学生产生影响，因此教师要对自己的行为负责，对价值问题要作出合乎理性的判断。在教学过程中，做什么、如何做以及为什么这样做都需要教师的认真思考。执著精神是指教师要全心全意地投入到教学实践中去。开放的心态、高度的责任心和全心全意的执著精神是高职政治教师必须养成的积极的教学态度。具备这三种态度，有益于教师从单纯冲动和单纯的一成不变的行动中解脱出来，在行动之前已明确了行动的目的，养成反思习惯。

习惯即个体不需要外力作用和个人的意志努力就能做出的自动化行为。习惯是在经常性的实践中形成的。它标志着一种行为在一个个体身上定型和成为模式。教师的反思习惯应该以其反思意识为前提，反思意识强的教师会经常发现自己教学中的问题，通过不断解决问题，使自己不断完善。只有对教学反思有明晰而正确的认识，才能在情感上真正接受反思思想，从而激发起反思的内在动力，进而产生具体的反思行为。个体的反思来自于自我意识的觉醒，自我剖析既是教师对自己进行批判性反思过程，更是自我提高的过程。教师经过不断自我剖析、自我诊断、自我调整，不断改进自己的工作并形成理性认识，最终得以自我提高。这种不间断的自我剖析活动，就是教师自我发展、自我实现的过程。随着这种活动的不断成功，教师的自信感和自尊感也就随之加强。这将成为教师进一步完善自己和提高自己工作水平的强大动力。

（四）反思性教学要求营造民主、自由的教学氛围

反思性教学是一种群体性的反思探究活动，需要师生间、学生与学生间、教师与教师间相互交流，合作学习。所以必须创设民主、和谐、合作、自由的教学研究氛围。为此，高职思想政治理论课教师要以《中

共中央宣传部、教育部关于进一步加强和改进高等学校思想政治理论课的意见》（教社政〔2005〕5号）为指导，改变传统的学生观、教学观、人才观，开展真诚的平等对话，构建良好的师生关系、同事关系。

注重教师之间的合作与对话是反思性教学的一个重要特征。合作与对话首先要求以教师为镜，通过同行间的相互观摩、切磋和批判性对话来提高教学水平。教师在反思自己的教学实践时，如果局限于个人的视野或经验往往难于发现问题和缺陷，而同事之间的观摩和讨论可以为教师反思个人的教学实践提供新的思路和借鉴。"他山之石，可以攻玉。"观摩与讨论有助于推进教师集体的教学实践反思，有利于为反思性教学创造一个良好的整体氛围。

教学实践中要求教师：一要认真做到经常性地进行学习性听课，特别是听优秀教师的授课过程。通过对照反思，及时发现自己教学中的问题。同时要善于吸纳他人的成功之处，并有效地融入自己的经验中。二要虚心听取同行教师或听课专家的反馈意见。教师虽然经历了自我剖析的过程，但常常因为"身在此山中"，往往出现"不识庐山真面目"的情况。这时，同行教师或听课专家的意见就会起到很好的指导作用。通过观摩各类公开课、优质课、录像课、说课、评课、研究课等，进行质疑性的讨论和对话，找出理念上的差距，解析手段、方法上的差异。寻找出别人的成功经验或失败原因，可以为反思自己的教学行为提供新的视角和启示，使自己在教学探究中少走弯路，拓展思路；同时，通过集体智慧的分享可从整体上提高教学水平。因此，观摩别人的教学并参与讨论是提高自己教学水平的重要途径。

合作与对话同时要求以学生为镜。现代教学贯穿的一个基本思想是教师的教应服从于学生的学，以"一切为了学生，为了学生的一切，为了一切学生"为价值核心，教师工作的着眼点和落脚点都体现在学生的发展上，衡量教师工作的质量也必须从学生的发展上才能表现出来。因此学生的反馈意见应该成为教师反思自己的一面镜子。在反思过程中，应该充分听取学生的意见，吸纳学生的有益建议。获取学生意见或建议的方法很多，但无论采用哪一种方法，仅知道一个量化分数没有太大用处，让每个学生写综合评价是一种很好的做法。综合评价中应着重反映出自己的不足，并要求学生给出改进建议，以作为教师修正自我时的参考。而如此一来，无疑也在强化学生的反思意识，培养学生的反思技能，引导学生自觉反思。

总之，在高职院校思想政治理论课反思性教学中，教师认真审视自身的课程和教学实践，以全新的理念挑战传统教育，呼唤教师挑战自我，超越自我，彻底改变习以为常的行为习惯，积极探求教育的真谛，重新审视教育的意义，重建新的教育观念，自觉变革自身角色和教育教学行为，将反思性教学看作是一种职责、一种境界，创造性地实施课程。

第二节　反思性教学的实施要素

反思性教学的实施要素简而言之可以概括为主体与客体两大要素。反思的主体即教师个人与集体、学生、专业研究人员；反思的客体指教学过程的诸客体因素：内容、目标、方法、手段、评价等。其中教师个人与集体、学生、专业研究人员是实施反思性教学的三个核心要素。

一、反思性教学的主体反思要求

教师个人与集体、学生、专业研究人员构成了反思性教学的四位一体关系。教师个人的自我反思、教师同行间和师生间的合作对话、专业研究人员的专业引领以及全员跟踪推进是实施反思性教学的四种基本力量，缺一不可。其关系如图：

（一）教师主体——自我反思

自我反思是教师以自己的教学及职业活动为思考对象，对自己在教学及职业活动中所做出的行为以及由此而产生的结果进行审视和分析的过程。反思的本质是一种理解与实践之间的对话，是这二者之间相互沟通的桥梁，又是理想自我与现实自我的心灵上的沟通。

反思总是指向自我的，反思者本人既是反思的对象，又是反思的承担者。教师的自我反思使教师在整个教育教学活动中充分地体现双重角色——既是引导者又是评论者，既是教育者又是受教育者。因此，教师反思过程实际上是将"学会教学"与"学会学习"结合起来，努力提升教学实践的合理性，使自己成为学者型教师的过程。

自我反思是实施反思性教学的基础和前提。新课程对教师的传统教学经验与理念提出了全新的挑战，自我反思的重要性也因此被提到了前所未有的高度。通过自我反思，教师的原始经验不断地处于被审视、被修正、被强化、被否定等思维加工中，去粗取精，去伪存真，这样经验得到提炼、升华，从而不断更新教学观念，改善教学行为，提升教学水平，同时形成自我对教学对象、教学问题的独立思考和创造性见解，使自己真正成为教学和教学研究的主人，提高教学工作的自主性和目的性。

（二）师生主体——合作对话

叶澜教授曾提出："人类的教育活动起源于交往，教育是人类一种特殊的交往活动。"教学活动作为教育活动的一部分，"没有沟通就不可能有教学"，失去了沟通的教学是失败的教学。反思性教学强调教师在自我反思的同时开放自己，加强教师之间的专业切磋、协调和合作，加强师生之间的对话与沟通，共同分享经验，互相学习，彼此支持，共同成长。

合作对话是实施反思性教学的灵魂。"在一个教师群体当中，能够有不同的思想、观念、教学模式、教学方法的交流与冲突，是非常宝贵的，是非常重要的。如果一个学校的教师没有不同的思想，一个人说了大家都认为好，这不是学校的幸运，而是一种灾难。"德国的戈特弗里德·海纳特一针见血地指出："教师凡欲促进他的学生的创造力，就必须在他们班上倡导一种合作、社会一体的作风，这也有利于集体创造力的发挥。"为此，同行间、师生间要形成团结、和谐、合作、自由、轻松的教学研究氛围，使教师与教师之间、教师与学生之间相互能对彼此存在的问题坦诚进行交流，理解差异，合作解决教学实践问题，使教学实践更合理，更科学。

（三）专业研究主体——专业引领

专业引领是反思性教学向上可持续发展的关键。专业研究人员主要包括研究人员、科研人员和大学教师。相对于一线的教师而言，他们的长处在于系统的教育理论素养。反思性教学是一种理论指导下的实践性研究，理论指导、专业引领是反思性教学得以深化发展的重要支撑。

专业引领的形式主要有学术专题报告、理论学习辅导讲座、教学现场指导、教学专业咨询（如座谈）等。

专业引领的实质是理论对实践的指导，是理论与实践之间的对话，是理论与实践关系的重建。作为教师，要从教书匠成为教育家，必须养成学习理论的习惯，并自觉接受理论的指导，努力提高教学理论素养，增强理论思维能力。

（四）全员主体——跟踪推进

跟踪推进是教师、学生和专业研究人员对教师在教学及职业活动中所做出的行为，和由此而产生的后果以及对学生在教学活动中的参与体验进行审视和分析，以改进、优化教学和学习的过程。

跟踪推进是反思性教学的保障。凡是参与教学活动的人员都是其主体。采取的形式有教师的教学后记、教师撰写教学课例、学生建立学习档案、专业研究人员的叙事研究等。跟踪推进的实质是实践与理论的对话，也就是教师、学生和专业研究人员以反思性教学理论指导实践，促进实践改进、优化、提高。

自我反思、合作对话、专业引领三者具有相对的独立性，但同时又是相辅相成、相互补充、相互渗透、相互促进的。只有充分发挥自我反思、合作对话、专业引领各自的作用并注重相互间的整合，不断跟踪推进，才能有效地实施反思性教学。

二、反思性教学中教师的地位与角色

教师是教学系统存在和发展不可或缺的基本要素之一，在教学过程中发挥着主导作用。教师的存在是教学区别于一般的学习活动的关键所在，有了教师的参与，就能很快提高学生掌握人类文明成果的自觉性和效率。

（一）平等的合作者

由于学习是学习者主动建构的活动，并非对于知识被动的接受，从这样的角度分析，在平等、民主、和谐的师生关系中，教师就不应被看成是知识的授予者、真理的化身，教师再也不能固守原有的"教师中心"的做法，在反思性教学中，教师应由传统教学中主角地位转向课堂教学中师生交往的"平等中的首席"，由知识的传授者转化为学习的合作者。在课堂教学中，教师和学生应是平等的合作者，要彼此尊重，互相信赖。反思性教学是一种群体性的反思探究活动，需要师生间、学生与学生间、教师与教师间相互交流，合作学习。要想真正成为学生的合作者，教师要从讲台上走下来，走到学生中间，和学生在一起思考，一起交流，共建和谐的教学氛围。师生要有一种共同的体验，在体验中反思，在反思中教学相长。

（二）谦虚的倾听者

作为平等的合作者，教师要善于观察、倾听、交流、整合；观察学生学习，调控教学，照顾差异，发现"火花"；倾听学生心声，燃起学生内在的精神力量，鼓励他们不断向上攀登；交流情感与认知，教会学生做人；利用教师的监控水平，整合现代的教学技术、学生的直接经验、教师的教学经验和课堂教学情境，生成体验性或经验性课程，让师生在体验感悟中共同发展。

（三）真诚的赏识者

我国学者黄克剑说："教育所要做的可以放在三个层面上去理解，即授受知识，开启智慧，点化、润泽、成全生命。知识若没有智慧烛照其中，即使再多，也只是外在的牵累；智慧若没有生命隐帅其间，那或可动人的智慧也不过是飘忽不定的鬼火荧照。"显然，教师做好教学工作，需要教学的知识、教学的智慧，还需要生命的完善，这样才能用自己的生命、精神、人格、灵魂去点化、润泽、成全学生的生命发展。因此，反思性教学中，教师不仅仅是老师，更要做真诚的赏识者。以知识和智慧点化、润泽、成全学生的生命发展。教师要关注学生成长的每一点进步，帮助学生发现自己的优点。学生一丁点儿的进步，我们都要加以表扬，好学生是夸出来的。教师在教学过程中，既要赏识学生对知识的掌握，又要关注和赏识学生在学习过程中运用的方法，还要赏识学生在能力方面的种种提高。通过赏识，培养学生独立思考，大胆质疑，对教材的结论进行严肃的、理性的质疑和反思，形成不盲从（或"不唯上，不唯书"）的实事求是的思想意识与能力，让学生懂得多元理解，以促进思维发展，孕育创新精神。

（四）教学过程的组织者

在反思性教学中，教师作为教学过程的组织者，要由传授者转化为促进者，由管理者转化为引导者，由课程的阐述者转化为课程的创设者，要树立以学生为主体的教育观，从传统的文化知识传授者的角色转变为学习的指导者、促进者。应该尊重学生，诱发学生内在的主动性，引导学生在原有知识的基础上让新旧知识更好地发生作用，发现自己应该做什么，应该怎样做；引导学生学会正确看待学习中学生之间的分歧、问题甚至纠纷；推动和促进学生之间的合作；当学生在探究解决问题中碰到困难并引起心理波动时，鼓励学生树立信心，坚持努力，排除障碍；促使学生投入到探究过程中去，帮助学生形成强烈的探究动机；鼓励学生完成自己的做法，然后查找自己的不足，以便于以后的成长。放手让学生表现自己的独立性，为学生提供学习过程中合作交流的空间，引导学生不断提出问题，激发学生的学习兴趣和求知欲望，帮助学生发现、组织和管理知识，构建适合自己的知识体系。

（五）个性张扬的促进者

反思性教学关注学生学会学习，要求教师从过去作为"道德说教者"、"道德偶像"的传统角色中解放出来，成为学生健康心理、健康品质的促进者、催化剂，教师要学会引导以学习能力为重心的学生注重整体个性的和谐而健康的发展，引导学生学会自我调适，自我选择。这就要求教师不仅要做到"善讲"，更要做到"善听"、"善导"，即善讲学生不会的，善听他们心中的，善导他们的成长方向，总之，教师要尊重学生，根据学生的特点，发展学生的个性，注意发掘和培养学生的创新意识与反思能力。正如教育家陶行知先生所说的那样：解放学生的头脑、使他们能想；解放学生的双手，使他们能干；解放学生的嘴巴，使他们能说；解放学生的眼睛，使他们能看；使学生真正成为学习和发展的主人，使课堂既成为师生共同传播知识的殿堂，又成为人性养育的殿堂，既有教师的提高，又有学生的发展，促进师生共同发展。

（六）学习方向的引导者

"教学就是在语言文化与沟通文化的创造中，为每一个学生的发展奠定人格成长与学生发展的基础。"① 反思性教学中，教师以现代教育观念看待学生，成为学生最真诚的朋友，充分尊重学生，努力为学生的健康成长创造一种宽松和谐、生动活泼的教育环境。在教学过程中，教师的职能由教转为导，教师不仅要使学生学会通过各种渠道获得知识，贮存知识，而且更要使学生学会选择、判断、运用、创造知识，将学生置于课堂的中心位置，发挥学生的学习积极性，让学生在问题的情境中发现问题，提出问题，解决问题。教师在教学过程中，绝不仅仅是向学生传递知识，更是培养学生对待学习的正确态度和方法。学生在学习过程中学到的也不仅仅是知识，更是对未来学习具有重大意义的学习方法的掌握。反思性教学中，教师不仅仅是向学生传播知识，而是引导学生沿着正确的道路前进，并且不断地在他们成长的道路上设置不同的路标，引导他们不断地向更高的目标前进。

第三节　反思实践对象与反思内容

反思实践是教师反思自己的教学实践或整体的教学实践，是教师将自己的教学活动和课堂情境作为认知的对象，对教学行为和教学过程进行批判的、有意识的分析和再认知的过程。这是反思性教学的起点，只有对教学实践中出现的问题进行反思，明确了问题所在，才能提出有效的改进方案，提高教学效果。笔者认为在高职院校思想政治理论课教学中，需要反思的现实内容主要包括以下几个方面：

一、对教育理念的反思

现代教育所面临的最大挑战不是技术，不是资源，首先是教育者的

---

① 钟启泉、张华：《为了中华民族的复兴，为了每位学生的发展》，华东师范大学出版社 2001 年版，第 8 页。

理念。教育理念正确与否是教师是否成熟的重要标志。有什么样的教育理念就会有什么样的教学行为。正确的理念导致正确的行为，错误的理念导致错误的行为。如果一个教师的教育理念陈旧，教育方法落后，那么，他的工作越投入，对学生的伤害往往越大。

反思性教学作为一项复杂的社会性实践活动，注重对教学行为与原有经验的批判性反思和探究，而反思和探究需要以科学理论为指导。对教育教学理论的学习和思考有助于教师掌握相关的理论知识，将外部教育教学理论转化为现实的教学实践，不断提高教师的反思性教学实践水平。因此，对有关理论的学习和思考是实施反思性教学的一个基本策略。就高职院校思想政治理论课反思性教学而言，当前必须认真学习和落实《中共中央国务院关于进一步加强和改进大学生思想政治教育的意见》（中发〔2004〕16号）、《中共中央宣传部、教育部关于进一步加强和改进高等学校思想政治理论课的意见》（教社政〔2005〕5号）、《〈中共中央宣传部、教育部关于进一步加强和改进高等学校思想政治理论课的意见〉实施方案》、《关于进一步加强和改进大学生社会实践的意见》，并内化为自己的教育教学思想；同时，还必须认真学习反思性教学理论，如熊川武的《反思性教学》，布鲁克菲尔德（Stephen D. Brookfield）著、张伟译的《批判反思型教师ABC》，刘振怀主编的《教师反思能力的培养与训练》等；了解反思性教学的基本策略，掌握反思性教学的实施流程，为有效地实施反思性教学奠定理论基础。

同时，反思性教学致力于消解教育理论与实践之间的二元分离，作为教学主导的教师，进行教学研究有助于理解前沿的教育教学理论，并提出新的教学理论和观点。因此，积极进行教学研究有利于推进反思性教学，提高教师批判反思和探究的能力。

二、对教师角色与外显行为的反思

新课程改革中，教师最大的变化应是角色的变化。由于学习是学习者主动建构的活动，并非对于知识被动的接受，从这样的角度分析，在平等、民主、和谐的师生关系中，教师就不应被看成是知识的授予者、真理的化身，教师再也不能固守原有的"教师中心"的做法，在反思性教学中，教师应由传统教学中主角地位转向课堂教学中师生交往的"平等中的首席"，由传授者转化为促进者，由管理者转化为引导者，由课程的阐述者转化为课程的创设者。在课堂教学中，教师必须首先认识并认同学生作为学习主体的地位，尊重学生的主体性，站在学生中间，观察，倾听，交流，整合。观察学生学习，调控教学，照顾差异，发现"火花"；倾听学生心声，燃起学生内在的精神力量，鼓励他们不断向上攀登；交流情感与认知，教会学生做人；利用教师的监控水平，整合现代的教学技术、学生的直接经验、教师的教学经验和课堂教学情境，生成体验性或经验性课程，让师生在体验感悟中共同发展。

教学过程中，对于教师而言，外显行为是重要的教学艺术资源，是取之不尽，用之不竭的艺术资源。很难想象一个呆若木鸡的教师能活跃学生的心理活动。恰当、得体、适度的外显行为不但可以活跃学生的思维，集中学生的注意力，增强学生的记忆力，还可以营造充满感情色彩的课堂教学氛围，有利于建立平等民主的师生关系，有利于发挥学生的自觉性和创造性，从而提高课堂教学质量。人无完人，任何一个教师在外显行为的运用方面都可能有不适当的地方，这就要求教师应该具有对自己外显行为的反思能力，在反思中不断完善自己。

三、对课程意识的反思

思想政治理论课教学中，我们常常把眼光更多地放在制订每一节课的微观教学目标上，然后不折不扣地把它落实下去，而对教学目标本身的科学性、合理性缺乏必要的宏观论证，从而导致教学的低效性，这就是课程意识的失落。可以说，对课程意识的反思是提高教学效率的关键，是一个教师走向成熟的标志。

教学日记　　2008 年 11 月 4 日　　晴

在学习"领悟人生真谛、创造人生价值"这一课中，教学内容主要包括"树立正确的人生观、创造有价值的人生、科学对待人生环境……"如果仅仅讲授这些教学内容，学生很难从整体意义上构建起知识与思维方法的网络，综合运用知识的能力难以有质的提高。因此，在教学中，教师不仅要讲授这些内容，更把侧重点放在了前后知识之间的内在联系上，逐步形成"以理想信念教育为核心，爱国主义教育为主线，人生观、价值观、道德观和法制观等方面的教育为主要内容"的整体观念，把着力点放在理想信念、爱国主义、人生观、价值观、道德观和法制观等内容的交融以及思想方法的广泛应用上，以提升学生的道德和法律素养，深化学生对自身发展和社会问题的认识能力和判断能力，锻炼、培育其自我发展、解决问题等方面的实践能力。

四、对教育对象的反思

教育的对象是具有思想、感情、个性和主动性、独立性、发展性的活生生的人。因此，教师的自我反思自然离不开对教育对象——学生的研究。学生是富有主动性、独立性的人，有着独立的倾向和独立的要求。学生的学习过程是一个争取独立和日益独立的过程。学生正是在独立地把握客观外部世界和自身主观世界的过程中逐渐成长起来的。学生还是发展中的人，有着特有的旺盛的活力、饱满的热情、远大的理想和奋进的精神，这使他们的发展呈现出难以设定无法预料的勃勃生机。教师通过观察学生的行为和自己的行为，不断地进行自我评价和反思。在课堂上他们对学生的行为进行观察，并根据学生表现出来的理解程度和行为来度量教学目标的达到程度。从学生的角度来反思自己的教学行为及其结果是教师教学的重要保证。了解学生的所思所想和需要，是教学成功的必要条件。许多优秀教师正是通过学生的反应和学习效果来调控自己的教学进程和教学行为，并把学生的学习效果作为自己教学成效的日常反思尺度。因此，来自学生方面的反思无疑会增进教师教育行为的理性化。

高职院校思想政治理论课的教学，是让学生掌握马克思主义观察、分析、解决问题的立场、观点、方法，树立科学的世界观、正确的人生观、价值观、道德观，逐步提高参加社会实践的能力；使其成为具有良好政治、思想、道德素质的公民。要完成高职院校思想政治理论课这样的教学任务，我们的教学就必须对教育对象——学生的学习兴趣、学习方法、学习特点进行反思。

教学日记　　2009 年 12 月 22 日　　晴

现代教学贯穿的一个基本思想是教师的教应服从于学生的学，教学过程及内容应符合学生的个性心理特征和认知的思维规律。通过对我院大一新生的学习状况调查、分析，我了解到其学习情况是：学习的基础比较薄弱，对理论的学习兴趣不高；大一的学生，不适应高职课程深度、广度的变化；对思想政治理论课的学习方式大多以机械地记忆知识为主，缺少对知识的理解和应用。高职学生如果以这样的学习方式来学习高职思想政治理论课，不仅不能很好地掌握基本知识、培养"学会学习"的能力，更无法提高学生的创新能力和实践能力。反思了我院高职生学习思想政治理论课的现状后，在教学中，我就有目的地运用一些轻松有趣的教学方式来吸引学生的学习兴趣。如课前开设五分钟的"我身边的道德小故事"的演讲；课中增加时事热点焦点、学生生活事例与课本知识相结合的讨论、辩论等活动；课后加强对学生感兴趣的各种社会现实问题的探讨交流活动。通过师生间的交流，提高了学生学习思想政治理论课的兴趣，培养了学生问问题的意识。教师的各种能力也在参与这些活动中得到提高。

五、对思想政治理论课教材的反思

新课改倡导教师"用教材"而不是简单地"教教材"。教师要创造性地用教材，并在使用教材的过程中融入自己的科学精神和智慧，对教材知识进行重组和整合，选取更接近实际的内容对教材进行深加工，形成有教师个性的教材知识，既能够把问题简明地阐述清楚，也能很好地引导学生去探索、去学习。

教学日记（节选）　　2008 年 10 月 28 日　**晴**

我国的学生从小学一年级就开始接受爱国主义的教育，而到了大学仍旧在学习。对于怎样做才是真正的爱国，学生反应冷淡，感觉是知识的不断重复。在学习《做忠诚的爱国者》这一课时，如何突破教材的束缚，有所创新，如何打破学生心理的防线，触动心灵？结合我院大一学生的思想状况，我对教材作了充实，提出"爱自己→爱他人→爱集体→爱祖国"的层层递进式措施，并让学生畅谈自己的观点，在"自己与他人、自己与集体、自己与祖国的关系"探讨中升华情感、开拓思维。

教师以积极的态度能动地处理教材，拓展学生的思维，培养学生发现问题、分析问题、解决问题的能力，激发了学生学习的兴趣，有助于改变过去思想政治理论课中重视灌输知识，忽视对学生能力、觉悟的培养和提高的弊端。

六、对教学方法的反思

在教师常用的教学方法中，无论是讲授法、谈话法、讨论法，还是社会实践法、竞赛法、实验法，其本身并没有优劣之分，关键看运用的是否得当，即是否符合教学任务、学生的年龄特点以及教师自身情况等，尤其要看是否贯彻了启发式教学指导思想。只要是贯彻启发式教学思想并运用得当的教学方法都是好的教学方法。教师需重点反思自己对启发式教学思想本质理解是否正确。

教学日记　　2010 年 10 月 6 日　　**晴**

又到了新学期，又迎来了一批新学生。如何上好"思想道德修养与法律基础"的第一课呢？以往，我都是采取谈话法为主，效果较好，但上一届学生的激情明显降低。随着 90 后学生的到来，我感觉他们与 80 后的学生真的不同：有热情，但缺乏上课的激情，尤其是对各类事情表现得比较冷漠，怎么调动学生的情绪，踢好开学第一脚呢？

昨天，现管系的一名班主任无意中提到：新生军训期间，各系都组织学生观看介绍学院的视频和进行专业教育，如果第一课组织学生上课制作"火炬人精神"的简报，效果会怎样呢？我很期待！

教学日记　　2010 年 10 月 10 日　　**晴**

新生入学第一课

自我介绍后，给学生布置任务：制作"火炬人精神"的简报，学生分组，分发材料。学生没有想到"思想道德修养与法律基础"可以这样上，很是兴奋！成员之间的合作性较好。由于是限时制作，有的组没有完成任务，以后分组一定要对学生的特长、个性、性格、兴趣、知识、经验等事先了解，分组应遵循"组间同质，组内异质，优势互补"的原则。个别组展示作品时，阐述的时间严重超时，导致有两个组没有时间展示自己的作品和阐述作品理念，今后开展类似的活动时要记得事前安排好计时员。根据本次的活动，希望同学们课余时间大量查阅资料，在下次课交流大学的精神和内涵、如何适应大学生活、怎样实现人生新阶段的目标等问题。课后，我的 QQ 里就有几个学生留言，希望下节课能让他（她）来讲解相关问题。开学第一课，换一个角度导入，竟然有意想不到的收获！

通过制作"火炬人精神"简报，学生小组在收集、整理资料过程中，加深了对学院发展历程、火炬模式、校规校训等认识，结合课程内容，展示成果，小组互评，增强了学生的团队协作意识、演讲能力、火炬职院大学生的情感和责任意识，使教学更加贴近学生，贴近生活，贴近社会。这一做法有利于学生从问题、现象的分析入手，以完成任务为结果，引发对教学中理论问题的系统思考。

此次教学，将行动作为主题，把用与学整合在一个完整的学习过程中，融教、学、做为一体，强化了学生能力的培养，效果较好。在今后的教学中，可以根据教学内容和学生实际，确定教学目标，从教学的课前准备、框架思路的确定、材料的收集与选择、课件的制作等多方面入手，创设以任务为引领的教学路径，引导学生在行动中完成任务和解决问题。"在做中学"，有利于激发学生的学习兴趣和学习动力，更好地展现思想政治理论课的生机与活力。

总之，在高职院校思想政治理论课反思性教学中，教师认真审视自身的课程和教学实践，超越了机械"复制"和"安装"的传统思路，有助于对新的课程改革形成新的理解和认识，从而改进、优化教学，促进师生的共同发展。

第四节　高职思想政治理论课反思性教学对教师的要求

为了让高职思想政治理论课反思性教学能顺利实施，因而对高职思想政治理论课教师的知识能力等提出了更高的要求。高职思想政治理论课教师除了具备传统常规教学下一个政治教师必须具备的素质之外，更重要的是要有强烈的批判反思意识、更熟练的批判反思能力。

一、反思性教学要求高职思想政治理论课教师必备的知识结构

（一）先进的教育观念

这主要是指科学的教育观、心理观。思想政治理论课的教学和科研工作的开展，都离不开教育观和心理观的指导。因为思想政治理论课的教学和研究必然涉及人与社会、人与自然、人与人等一些基本问题，涉及教与学、社会需要与个人发展需要、社会化与个性化、全面发展与学有所长等一系列教育基本理论问题。

反思性教学中的高职思想政治理论课教师目前要树立的教育观念主要有：

1. 实践教育观念。重视实践教学，培养学生实践操作和适应社会的能力。

2. 能力教育观念。把培养学生应用技术能力和职业转换能力作为教育的主要目标。

3. 改革观念。市场经济发展要求高职院校思想政治理论课教学必须在教学观念、教学内容、教学方式、教学方法、教学手段、考试形式上进行改革，只有这样才能实现高职院校思想政治理论课教学的可持续发展。

4. 创新教育观念。高职院校思想政治理论课教学的创新主要体现在：教师必须有不落俗套、标新立异、敢为人先的思想，这种新思想必须建立在学生培养目标、学生专业和未来职业特点的基础上。

除此之外，还有人的全面发展观，教育与生产劳动、社会生活相结合的观念，终身教育观，民主师生观，现代教育技术观、现代教学观，现代德育观等观念的培养。

（二）扎实的基础知识

每一个高职院校思想政治理论课教师都应加强基础知识的学习。理论方面要学习教育基础理论和思想政治学科基础理论。教育基础理论是指有关教育学、心理学、教育心理学、课程论、教学论、教学发展史、

教育心理统计等方面的基础理论。思想政治学科基础理论主要是学习哲学、经济学、政治学、法学、伦理学、社会学等知识。这些理论知识是认识、掌握思想政治学科教学规律的前提，是搞好教学的基础。

（三）精深的专业知识

高职院校思想政治理论课涉及的内容很广泛，包括道德、法律、经济、政治、文化、哲学、心理学等内容，以及高职生心理发展的特点研究、高职院校思想政治理论课教学的方法论等知识。这部分的知识会随着社会经济政治的发展变化而变化。高职院校思想政治理论课教师要掌握这部分的知识，必须保持对社会政治、经济、文化的关注，不断充实这部分的知识。

（四）广博的相关知识

苏霍姆林斯基曾经说过："学生眼里的教师应当是一位聪明、博学、善于思考、热爱知识的人。""为了使学生获得一点知识的亮光，教师应吸进整个光的海洋。"进入 21 世纪，现代科学知识的高度综合和高度分化的趋势将更加明显，教师如果仅仅满足于本学科的知识，难以培养出具有探究意识、创新精神和职业能力的学生。思想政治理论课理论性、抽象性特别强，教学如果单纯囿于教材就会显得枯燥乏味，其思想政治教育作用很难表现和处理，同时学生会对这门课程内容厌烦、反感，从而使这门课程成为不受欢迎的课。高职院校思想政治理论课属于人文科学范围，其原理和观点建立在生产力发展的基础上，建立在具体科学包括自然科学和社会科学、思维科学等提供的材料的证明和说明基础之上，要使这门课程的思想和观点有说服力就必须列举大量的自然科学、人文科学等具体材料加以说明和论证。

因此，高职思想政治理论课教师必须具有广博的知识，有较大的信息量，在课堂上旁征博引，充分论证，从而使学生感受到思想政治理论课的力量，对它产生兴趣。另一方面，高职教育在中国还是一种新生事物，其教育的理念、目标、方式、方法大大区别于成人教育、本科教育和中职教育。作为政治教师，担负着教书育人双重职责，因而必须具有教学和教育方面的知识和能力，尤其是教育心理学、社会心理学等知识，都是政治教师务必涉猎的范畴。只有这样，才能真正了解学生的思维、兴趣、爱好、才能、秉赋等，分析学生的个性特征，正确评价学生，指导学生和帮助学生学习。只有这样，才能使政治教师的一切教学活动，在一定的教育理念的指导下由自发走向自觉，使政治教师成为一个能够不断超越现有水平，更快、批判性地选择吸收新的理论成果运用于自己教育活动的学者型教师。同时，教师还要了解学生的专业内容和就业方向，针对当今社会对人才全方位、高技能的需求，在反思性教学活动中，有意识地引导学生成为一个具备职业道德和职业技能的应用型人才。

（五）精通的教育教学理论

思想政治理论课教师，首先拥有的是教师身份。作为一名教师，必须了解教育及教学的特殊运动规律，掌握教育及教学的方法与艺术。为此，思想政治理论课教师必须掌握教育学以及与之相关联的教育心理学、社会学、教材教法等多方面的知识。唯有如此，方能有效地实现教育教学的目的。

（六）丰富的实践性知识

实践性知识，指教师在教育教学实践中所积累的知识。这种知识不是教师通过书本学习可以获得的间接知识，而是教师在实际教学中总结出的经验性知识，这对教师的专业发展来说是一笔十分宝贵的财富。[①]

（七）有关自我的知识

自我的知识，就是对自身的认识和了解，包括认识和了解自己的能力、态度、兴趣、爱好、经验等。这是教师进行自我反思的基础。

二、反思性教学要求高职院校思想政治理论课教师必备的能力结构

（一）常规教学的能力

与传统的常规教学一样，高职院校思想政治理论课教师应该具备这

---

① 郤海霞：《教师专业发展与教师的知识结构》，《湖南教育》2003 年，第 20 期。

样的能力：

1. 道德教育能力

教育家第斯多惠说："教师本人是学校里最重要的师表，是直观的最有益的模范，是学生最活生生的榜样。"教师的一言一行、工作作风、精神面貌、仪表教态等无一不影响学生，对学生产生示范作用。"学高为师，德高为范"，教师不仅仅是"传道、授业、解惑"者，更是学生的人生导师、行为榜样和信念源泉，教师要为人师表，具有积极向上的献身精神，能爱岗敬业，热爱学生，团结协作，廉洁从教等。教师要以自己良好的思想和道德风范去影响和培养学生，启迪学生的心智和道德人格境界。充分展现自己的人格魅力，通过对学生的言传身教，感染和引导学生做人做事。

2. 一般教学技能

一般教学技能有：备课、课堂教学中的组织教学、复习旧课、讲授新课、归纳总结、巩固练习、布置作业等。思想政治理论课教师要把教学基本功练扎实。

3. 驾驭课堂教学的能力

在课堂上，思想政治理论课教师随时根据学生基础和学习情绪，灵活调节教学内容和变换教学方法及手段，从而调动学生学习的积极性。

4. 教学内容和方法研究能力

思想政治理论课教师要能够研究最佳教学方法、手段，合理取舍教材内容，思考贴切的例子和材料，精通课程基本原理，能举一反三，灵活运用。这里要特别说说教学方法部分。教学方法部分包括教学方法和研究方法。教学方法方面的知识是高职院校思想政治理论教师在当前应该不断思考、不断提高的知识部分。因为传统的政治教学方法，更多的是以传授灌输为主，造成学生对思想政治理论课的厌学情绪比较重，同时德育的实效性也在降低。研究方法的掌握则是反思性教学特别要强调的一种知识。教学实践中出现的各种问题，教师只有具备一定的教学研究能力，才能进行科学的研究，找到解决的办法。

5. 组织调动能力

与传统课堂不同的是，反思性教学的课堂往往不像以往课堂那样"安静"。由于以学生为中心，而教师是平等的合作者，这就需要教师有很高的人气指数和较强的亲和力，具备一定的组织调动能力。在教学的全过程中，要不断地对教学活动进行积极和主动的计划、检查、评价、反馈、控制和调节，运筹帷幄，调控好每个环节，使得每一位学生都人尽其才，各显其能。

6. 应对突发事件能力

反思性教学的课堂教学中经常会出现一些始料不及的问题，这就需要教师睿智、幽默、风趣，培养应对突发事件的能力，创建和谐的师生关系。

7. 实践教学能力

《中共中央宣传部、教育部关于进一步加强和改进高等学校思想政治理论课的意见》（教社政〔2005〕5 号）指出："高等学校思想政治理论课所有课程都要加强实践环节。要建立和完善实践教学保障机制，探索实践育人的长效机制。围绕教学目标，制定大纲，规定学时，提供必要经费。加强组织和管理，把实践教学与社会调查、志愿服务、公益活动、专业课实习等结合起来，引导大学生走出校门，到基层去，到工农群众中去。要通过形式多样的实践教学活动，提高学生思想政治素质和观察分析社会现象的能力，深化教育教学的效果。"它要求教师具备相应的实践教学能力，积极带领学生走出课堂，充分关注学生所关注的有意义的题材，开展多种形式的社区服务、社会调查等实践活动，使学生在各种实践活动中学会体验，获得体验，在增长知识、提高能力的同时，优化自己的情感、态度、价值观。并在实践过程中，师生不断积累学习经验、研究经验、实践经验和社会经验，将其内化为个人的实践性知识，通过反思性教学得以检验并发挥作用。

8. 研究能力

现代社会受教育者的可塑性、自主性增强，课程的内容改变与加深，教育技术更加先进，教育方式方法多样。这些变化对教师提出许多新的问题。这就要求思想政治理论课教师能够进行有效的科学研究，并要对自己的教学思想、教学态度和教育教学行为进行分析与反思。教师只有具备了这些能力才能与时俱进，教学相长，不断更新知识，提高教育教学能力与教育科研能力。

9. 开发利用课程资源的能力

教师作为课程资源开发的主体，要改变教科书是唯一的课程资源的观点，根据具体的教学目的与内容充分利用报刊、书籍、图片、录像、影视作品等重要的课程资源。教师应成为学生利用课程资源的引导者、开发者，引导学生走出教科书，走出课堂和学校，充分利用校外各种资源，如博物馆、纪念馆、文化馆、自然和人文景观等，在自然和社会的大环境里学习和探索。同时，教师要及时把握课堂教学中生成的资源，对学生想错的地方要宽容，并帮助分析错误的原因，让错误也能激发智慧的火花；对有意义的生成，教师要有敏锐的课程资源意识，及时抓住这转瞬即逝的机遇，多加合理利用，及时调整教学，使之成为激活学生的思维，愉悦学生的身心，张扬学生的个性，引导学生创新的契机。

10. 合作能力

反思性教学的主体既包括教师个人与集体，也包括学生与专业研究人员，教师个人的自我反思、教师同行间和师生间的合作对话、专业研究人员的专业引领，以及全员跟踪推进，改进教学，实现教学实践合理性。因此，反思性教学不同于传统课堂教学中师生、同行间极少交流的个人活动，它是一种群体反思活动，不可避免地要依赖与同伴的合作及专业人员的引领，除强调师生之间在课堂内的双向反思探索活动之外，还要求教师之间、教师与专业人员之间在课前、课后进行群体的交往与沟通，反思教学中存在的各种教学问题，探讨问题解决的方法、途径，只有充分发挥教师集体的力量，依靠大家的智慧，才能集思广益，有效调动各种潜在的教育科学资源，以助于教学实践的日趋合理。

除此之外，教师还要具备语言表达能力、观察学生的能力、精神感召能力、与学生交往的能力等。

（二）反思研究的能力

除具备上述能力之外，反思性教学要求高职院校思想政治理论课教师尤其需要具备反思研究的能力。

反思研究的能力是时代发展的要求，也是思想政治理论课发展的需要。培养创新人才是时代发展对现代教育提出的现实要求。在这种大背景下，思想政治理论课教师也肩负着培养学生创新意识的职责。这种职责的完成在一定程度上与政治教师是否有创新的意识相关。思想政治理论课教师的反思研究能力由发现问题的能力、收集信息的能力、提出解决方案的能力、进行实验的能力等要素构成。发现问题是进行研究的第一步。思想政治理论课教师对自己已有的教育理论和方法、德育理论和方法解决不了的问题要有敏锐的感受力，不能遇难而退或用老方法解决新问题。收集信息的能力是指收集学术界对相关问题已有研究成果的能力和对所遇到的问题自身信息的收集的能力。学术界对相关问题的研究是自己深入研究的基础，可以为自己的研究提供借鉴、指导或提供思路。对所遇问题本身信息的收集有利于加深对问题的认识，这是进行反思研究所获得的第一手资料。在收集信息的基础上，按照教育规律和德育规律提出自己的解决方案，这是政治教师进行反思研究能力中的关键一环，是最具创造性的劳动。

那么，在高职院校思想政治理论课教学中，教师如何提高反思研究的能力呢？

1. 加强理论学习与思考

常规教学依赖于教师在教学过程中不断积累起来的经验，因此不能超越原有的教学传统；反思性教学注重对原有经验的批判性反思，这样才能不断体现出教育创新。但是，教学是一种复杂的社会活动，对教学行为和教学经验的反思需要根据一定的理论来进行。因此，反思和探究需要以一定的理论为基础，对有关理论的系统学习和思考是提高反思教学研究能力的重要基础。在实践中，经常学习有关的反思性理论专著，如熊川武的《反思性教学》，靳玉乐主编的《反思教学》，布鲁克菲尔德（Stephen D. Brookfield）著、张伟译的《批判反思型教师 ABC》，刘振怀主编的《教师反思能力的培养与训练》等。学习理论过程中，还要有意识结合自身教学实践中出现的问题进行思考，消解教育理论与实践之间的二元分离，提高教师本人的反思教学研究能力，从依赖经验的经验型教师转变为更为睿智、专业的反思型教师。

2. 参与讨论和交流

反思并不仅仅是"闭门思过"。与外界的沟通和交流是提高教师反思批判能力的一个重要途径，这是教与学的社会性本质所决定的。教师之间经常听课、评课，通过观摩他人的教学，学会分析别人的成功与不足的原因，可以为反思自己的教学行为提供新的视角和启示。

3. 积极体验与撰写反思日记

体验意味着作为教学主体之一的教师对教学行为的自觉体悟和反省。体验使反思性教学能超越单纯的方法论层面，成为教师的存在方式和专业生活方式。专业知识是建立在专业经验的基础之上的，教师如果不能经常对自身经验进行积极的体验和反思，经验对专业知识的增长就不会有多大贡献。常规教学下的教师往往不善于体验，不进行反思，因此几十年的教学经验，只不过是几十年工作的几十次重复，不会增加新的知识，对于教学水平的提高也就没有多少帮助。教学活动是一个集规律性和灵活性于一体的过程，即使同样的内容在不同的班级也不可能是上一次的拷贝和翻版。为了进行有效的体验和反思，教师可以通过撰写反思日记帮助自己进行教学反思。写教学日记是教师将自己教育教学中甚至教育理念中随时出现的、记录深刻的事件（包括问题、经验、体会）等进行总结和分析，并记录下来。反思日记是把反思这一单纯的内省活动外化的一种形式，通过撰写反思日记可以及时、生动地再现教育教学活动中的各种欢乐与忧虑的事件，对自己的教育教学活动和教育理念进行不断的分析、回顾、研究，以改进自己的教育教学活动，提高自身的反思能力。高职院校思想政治理论课教学中，在要求学生每周将反思日记交给老师批阅的同时，也经常对自己教学过程中出现的困惑和喜悦作记录。对日常教学中各种感悟的记录，有助于思想政治理论课教师提高反思研究能力。

4. 重视观察与撰写教育案例

教育案例就是对一个真实的教育活动情境的描述，包括有明显的教育疑难问题及矛盾冲突，以及对这些问题的解决方法。教育案例包括三要素：案例背景、案例事件和对案例事件的反思。教师撰写教育案例的过程，可以说是对自己解决问题的心路历程进行再分析的过程，同时也是梳理自己相关经验和教训的过程。在案例反思中，主要涉及的问题有：问题解决有哪些利弊得失；问题解决中还发现存在哪些新的问题；在以后的教育教学中，如何进一步解决这些新的问题；问题解决中有哪些体会、启示等等。通过撰写教育案例，教师系统地反思自己的教育教学行为，有利于提升教育智慧，形成自己解决教育教学问题的独特艺术。

教育案例的写作要求善于观察，通过观察并把观察到的事实记录和表达出来，因此，教师要特别注意培养自己的观察力，掌握一定的观察方法，善于观察，学会观察，在习以为常的工作中，养成善于观察的良好习惯，及时发现和捕捉教育教学活动中的各种信息，把握住事件矛盾冲突的再现主线，确定案例主题，不仅就事论事，更要从事件中领悟到所蕴含的教育教学原理和规律，既要增强可读性又要保证规范性和科学性，提高自己的反思能力。

5. 收集材料与教育叙事

教育叙事，就是讲有关教育教学的故事。它是教育主体叙述教育教学中的真实情境的过程，其实质是通过讲述教育故事，体悟教育真谛的一种研究方法。教育叙事并非为讲故事而讲故事，而是通过教育叙事展开对现象的思索、对问题的研究，是一个将客观的过程、真实的体验、主观的阐释有机融为一体的一种教育经验的发现和揭示过程。

教育叙事是研究者以叙事、讲故事的方式表达对教育的理解和解释。它以教师的生活故事为对象，其中所叙之事虽然都是教师在日常生活、课堂教学、研究实践等活动中曾经发生或正在发生的、真实的、情境性的事件，但它并不是那些司空见惯的故事，"而是要在看似无问题的地方中发现问题，揭示惯常行为背后潜藏着的认知图式、预定的假设、心照不宣的东西、'集体无意识'、'缄默的知识'等，进而摆脱传统的禁锢，获得一种内在的启蒙和解放的力量，打开新的思考维度和新的探询方向，增强实践能力和自我超越的能力"①。在教育叙事研究中，教师比较详细地介绍教育事件的发生与解决的全过程，挖掘一些有意义的具体细节和情境，分析与评价自己的心路历程，从而将平凡单调的活动赋予独特的意蕴。所以，教育叙事研究表面上以叙述为主，但实际上是教师在对自己的经验进行全面深刻反思的基础上的叙事。在叙事研究中，教师通过重构教学情境，表达自己日常教育实践中的知识，解释自己知道什么、如何思考以及如何进行专业学习与发展，能促使教师对自己隐性教育观念的发现与澄清，提高原有经验的可利用性，强化成功的教学技能，积累教学策略，提升自己的教育教学理念，使教师从理性的高度去审视自己的教育教学行为。所以，叙事研究有利于教师研究和审视自己，使自己内隐理论显性化。②

教育叙事改变了教师是实践的化身与专家是理论的代表的分离状况，促进了专家与教师的视界融合，在理论与实践之间开放了一个思考的空间。一方面，以实践的视域促进了理论向实践的物化、回归；另一方面，也能以理论的视域促进实践向理论的理化、升越。教师通过这种自我叙述的方式来反思自己的教育教学活动，并通过反思来改进自己的行动，不断提高教育教学质量。教育叙事研究赋予教育者以研究者的身份，通过开展研究而缩小研究和实践之间的距离，帮助教育者成为更具有反思意识的实践者、更注重系统的问题解决者和更加审慎的决策者。

教育叙事的写作离不开丰富的素材和详细的原始记录，需要多立场、多角度、多侧面地收集资料，学会观察和访谈，及时地记录各种信息，并对各种材料进行仔细比较、筛选和辨别，从中发现可用之处，把握事件主线，展现真实自我，关注事件的分析阐述，让平凡的教育故事蕴藏不平凡的教育智慧，推动教师的自我成长和发展。

---

① 柳夕浪：《教师需要什么样的教育研究》，《教育研究与实验》2001年，第3期。
② 梅云霞：《个人知识显性化与教师专业发展》，《教育理论与实践》2011年，第2期。

6．积极感悟和教学后记

教学后记是教师以体会、感想、启示等形式在每节课后对自身教育教学行为进行的批判性思考，是属于行为后的一种反思，是教师对教育教学事件或行为的有感而发。它需要教师在每节课后，认真地分析与总结，积极感悟，把教学过程中的成功之处、失误之处、改进措施记下来，以指导今后的教学。这需要教师要有自我诘难、积极改进的勇气和习惯，具有批判性的眼光，善于发现教育教学过程中的问题，随时随地及时反思，在行动中反思，在反思中行动，对自己的教育教学行为重新建构和改进，使自己的教育教学活动更具理性。

7．合作探究和网络教研

网络教研是一种利用信息技术（或网络技术）的跨时空的教学研究活动方式，又称之为信息化教研、虚拟教研。主要包括：教育行政部门的官方网站组织的论坛讨论、成果展示等；各家教材出版社组织教材网站进行教材研讨、教学资源的支持等；专家或教师自己组织专题网站进行教学心得、教学难题的讨论等；教育博客等。

反思性教学是一种群体性的反思探究活动，需要师生间、学生与学生间、教师与教师间相互交流，合作学习。网络教研突破了时间和地域的限制，为教师营造了一种伙伴式对话的教研氛围，在这样的开放环境下，没有权威，没有授道者，没有统一的价值标准，有的只是不同的视角，不同的思考。在这里，教师将自己对教育教学的看法借助网络平台进行交流，大家以共鸣的方式相互促进与提高，共享集体智慧；在这里，合作得到尊重，碰撞催生民主，争鸣推动发展，网络教研不再是一种参与形式而是一种行为变革，而是一种创新思维，这会对教研的动力、教研的质量进行深度催化。[①]

8．行为跟进和课例研究

课例是关于一堂课的教与学的案例。课例研究是以教师的教学实践为基础，以学生学习和发展中出现的问题为研究对象，通过对一堂课的

① 曲玉苹：《换一种方式教研——网络教研》，《中国教育报》2005 年 8 月 22 日。

全程或若干教学片段的描述，使之形成个人反思的对象、理论研究的素材或他人学习的范例，进而促进学生学习和发展的循环过程，其本质是一种行动研究。课例研究是以问题为中心的行动研究，其核心内容是围绕"问题解决"的"教学设计——教学实录——教学反思"。其中，教学设计是解决问题的教学预期，教学实录是解决问题的教学生成，教学反思是描述教学预期的实现程度、教学预期与教学生成的矛盾、存在问题及解决方法的成果表达。课例研究贯穿于备课——上课——观课——评课——研课等环节中，通过课堂观察、同伴间的互助研讨和教师实践的行为跟进不断调整和完善。

课例研究的真谛是通过对课堂教学实际问题的解决和循环实践的研究，看其是否实现了教师自身教学能力的提升与具体行动方法的改进，从而引导教师学会质疑隐藏于教学习惯和教学经验背后的行为差距，明晰发展方向。它需要通过不断的教学行为跟进，在一个问题解决的同时又促进了其背后更多问题的展开，教师通过一个个课例研究的长期积累，不断提高自己面对课堂教学实际问题的反思能力和决策能力，增长根植于实践经验的专业知识，最终实现课例研究问题的解决和教师教学行为的转变。

三、高职院校思想政治理论课开展反思性教学对教师引导学生反思性学习的要求

在反思性教学中，教师必须不断地对自己的教学进行反思，不断地提高自身的教学水平。同时，在教学中，教师还必须积极创造反思条件，引导学生自觉反思。为此，教师要做好以下几方面的工作。

（一）强化学生的反思意识

让学生明确没有反思便难有自我改错纠偏的道理，明确反思不仅能及时改正错误，还能优化已有认识，提高自身合理性水平。要使学生的反思行为习惯化，即主体遇到特定刺激便自然出现相应反应。有反思习惯的学生，在学习之前、之中、之后会就学习计划、学习过程、学习结

果等进行自觉、主动地反思。总之，反思意识得到强化后，学生心理上就有一道"警戒线"，它随时提醒学生对自己的学习保持应有的警觉，一旦有可疑之点即进入反思状态。

（二）为学生创设反思情境

使学生明确意识到自己学习中的不足往往不是很容易的，因为，这是对他个人的能力、自信心的一种"威胁"。所以，作为学生反思活动的促进者——教师，在此时要创设民主、轻松、信任、合作的氛围，帮助学生看到学习中的问题所在，使反思活动得以开展。教师可以从学生的实际出发，通过提供适当的问题或实例以促进学生的反思。

（三）培养学生的反思技能

反思不是简单的回顾和一般的分析，而是从新的层次、新的角度看到现实的不足。这就决定了学生至少要有下列反思技能：经验技能，它主要指学生借助经验对自身进行相对直觉的反思的能力；分析技能，它主要用于解释描述性的资料；评价技能，它常用于对探究结果的意义作出判断；策略技能，它告诉学生怎样进入行动计划和参与计划实施，如何进行反思性分析；实践技能，它帮助学生把分析实践、目的与手段等和良好结果统一起来；交往技能，它通过广泛讨论自己反思所得的观念等，加深学生对知识的理解。教学中，教师要采取多种办法有意识地培养学生的反思技能。

（四）增强学生的反思毅力

反思在一定程度上是自我"揭短"，是诱发痛苦的行为。缺乏毅力者即使反思技能甚强，反思也难以顺利进行。反思的毅力不仅体现在学生反思的"持续性"、战胜困难、忍受痛苦等的"韧劲"上，而且表现在"督促"自己自始至终盯住自身学习的不合理性上，并敢于向别人"解释"自己的不合理性。诚如哈贝马斯所说："谁要是能够解释自己的不合理性，他就是一个具有主体合理性的人。"教学中，教师不妨有意设置反思障碍，让学生多次尝试，以磨砺学生的反思意志，增强学生的反思毅力。

（五）建立互动的反思关系

反思性学习是一种依赖群体支持的个体活动，它不仅要求反思者有一个开放的、负责的、执著的心态，同时也有合作、协调、信任的环境要求。它是一种合作互动的社会实践和交流活动。学生在反思过程中，如果有他人指点或与他人合作进行，会加深理解，反思的效果会更佳。因此，在教学中，教师要多创造让学生相互交流、讨论的机会。可组织学生进行小组学习、合作学习等，以提高反思效果。

第五章 建构：高职院校思想政治理论课 反思性教学的实施

第一节 高职院校思想政治理论课 反思性教学行动设计与实施流程

反思性教学是极为复杂的，涉及对影响教学行为的多种变量以及对完整教学过程进行分析、研究的一种活动。它要求教师以教学行为的改进和一定的道德价值观为中心，全面考虑教学问题，既关注教学实践，又关注实践的原理性基础；既思考教学的目的，又思考教学的工具；既探讨教学中的个人因素，又探讨教学的社会背景。同时，反思贯穿整个教学过程。教学之前，有"为活动的反思"，即根据特定的理论假说和教学实践经验为教学作缜密的计划与安排；教学之中，有"活动中的反思"，教师在教学行为过程中对自己在活动中的思想、行为及依据进行反思；教学之后，有"对于活动的反思"，这是教师在教学行为完成之后对于其想法、做法的反思。只有对教学活动有全面、系统、缜密的思考与计划，才能保证教学的有效性。

一、确定目标——树立自觉探究意识

思想政治理论课教学的目标是多维的。但其具体实施的目标有两

个：一是让学生学会学习；二是让教师学会教学，即发展学生与发展教师统一。如果不能不断地学会教学，那教师就不可能不断地教学生学会学习。因此，要求师生树立自觉探究意识，共同积极地投入到对教学活动的思考或探究中去。在此过程中，教师应根据自己的价值观和假设，自主计划教学，监控教学，评价教学，艺术地、创造性地解决教学问题，发展专业能力。

二、设计方案——追求教学实践更具合理性

思想政治理论课反思性教学以教学实践过程为主要对象，对其施行计划、组织、监督、调节、控制、分析、评价，进而改进教学。在这一阶段，要求我们依据教学计划，以实现目标为核心，撰写探究性教案。

探究性教案并不排斥传统教案的内容，但增添了新的特色。

（一）教学目标方面

高职院校思想政治理论课承担着对大学生进行系统的马克思主义理论教育的任务，是高职院校思想政治教育的主渠道，如何培养适应生产、建设、管理、服务等方面第一线工作需要的"下得去、留得住、用得上"、实践能力强、具有良好职业道德的、既会做事又会做人的高素质应用型人才？在高职院校思想政治理论课反思性教学中，要确立"知识、能力、素质三位一体教育目标"和"意识、信念、责任三位一体德育目标"相结合的立体价值观，并把"素质与意识、信念、责任目标"即人性的养育作为思想政治理论课的主导目标。在这一目标指导下，教师应本着"和谐发展"、"突出人性养育"的理念去设计课堂教学，撰写探究性教案，使课堂既成为师生共同传播知识的殿堂，又成为人性养育的殿堂，既有教师的提高，又有学生的发展，促进师生共同发展。

在学习"珍惜大学生活　开拓新的境界"一课时，通过调查了解高职院校大一学生的实际：成长在改革开放的时代与环境中，较富裕的物质生活、宽松的社会环境、丰富的文化资源、先进的实验设备，造就了他们强烈的自我意识、独立意识和积极活跃的创新意识与超前意识。与

此同时，由于他们多为独生子女，中小学阶段为了应付中考、高考，"一心只读圣贤书"，一切事情均由家长代劳，致使他们独立生活能力、自学能力、对挫折的承受力普遍较差，团结协作精神欠佳。部分学生对理论的学习兴趣不高，自信心较差，与他人沟通能力较弱，适应性较弱，理论联系实际、分析问题解决问题的意识不强等等。因而，在撰写探究性教案中，可设计发展学生的目标，如"意识、信念、责任目标"为"通过教学，引导学生尽快适应新环境，顺利进行角色转换，树立正确的学习、生活、人际交往的观念，以勇于承担自己的责任，培养团队协作精神"。针对教师本人在教学中扮演的角色多为"播音员"，平时与学生的交流不多，了解不够充分的问题，设计的发展教师的目标可以是"组织学生的案例分析和讨论活动，适时点拨、引导、参与，适当由'播音员'转为'引路人'的角色，真正成为学习共同体中的学习伙伴"。

（二）教学方法方面

成功的思想政治理论课教学，教师必须围绕教材、学生的具体情况采用科学人文的教学方法，实现教学目标的最大化。因而，除了传统的讲授法、谈话法、讨论法、演示法、参观法等外，还应有案例分析法、情境教学法、移情法、自主学习法、小组合作学习法、行动导向教学法、项目教学法、任务驱动法等。

三、因"势"制宜——引导学生参与体验

思想政治理论课教学需要师生有开放、负责和全心全意投入的心态，也要求有合作、协调和信任的环境创设。它是一种合作互动性质的交流活动。成功的教学是教师教与学生学的统一，因此在教学中，教师必须积极创造条件，引导学生自觉思考与探究。为此，教师要做好以下几方面的工作：

（一）创设问题情境，训练学生的探究思维

布鲁纳认为："学习者在一定的问题情境中，经历对学习材料的亲身体验和发展过程，才是学习者最有价值的东西。"问题情境是一种智

力的氛围。在教学中，教师在领会课程标准和教材要求的基础上，根据学生现有的认知特点，创设适宜的问题情境，引发学生原有认知结构与新现象产生矛盾和冲突，激发学生的探究意识和兴趣，有利于学生探究思维的形成和发展，为新的知识建构提供良好的基础。

（二）建立学习档案，强化学生的探究意识

没有思考的学习是被动的、肤浅的，收获不大，至少不深入。引导学生给自己建立学习档案，是养成良好探究习惯的途径。

1. 引导学生对自己的思考过程进行探究

教师引导学生对自己的思考过程进行探究，就是探究在思考问题的过程中，自己是否很好地理解了题意，弄清了题干和设问之间的内在联系，较快地找到了解题的突破口；在解题过程中曾走过哪些弯路，犯过哪些错误，这些问题后来是怎样改正的；思考还有没有更简捷的思路；我的思考与老师或同学的有什么不同，其中的差距是什么，其原因是什么……

例：简要分析新民主主义革命的总路线。

此题正确答案，不仅要答出新民主主义革命的总路线的内容，而且要对新民主主义革命的对象、动力、领导、性质和前途进行分析。然而，在测试中，不少同学却只答出新民主主义革命的总路线的内容，忽略了对新民主主义革命的对象、动力、领导、性质和前途的分析。教师引导学生探究自己的思考过程，探究错误的原因，就是没有正确理解题意。通过引导，不仅可以使学生发现思考过程的不足，同时暴露了学生学习过程中的缺陷，有利于学生养成严谨细致的学习作风和习惯。

2. 引导学生对解题方法和技能进行探究

对解题方法和技能进行探究，就是探究解题所使用的方法、技能有没有广泛应用的价值，其理论和实践的依据是什么；如适当改变题目的条件或结论，问题将会出现何种变化，有什么规律；解决这个问题还可以用哪些基本方法等。

例：2005 年 04 月 08 日《新闻晚报》：4 月 6 日 9：50 左右，上海

锦江公司出租车司机李玉荣因为急送一名小产的孕妇去医院而多次违章变道，并连闯三个红灯。请思考：（1）如果你是一名交警，你认为李司机该不该罚？（2）如果你是出租车公司的领导，你认为李司机该不该罚？（3）如果你是出租车司机，你认为李司机该不该罚？（4）如果你是司机李玉荣，你认为自己该不该被罚？（5）如果你是路人，你认为李司机该不该罚？（6）如果你是孕妇及家人，你认为李司机该不该罚？

这是一道多角度分析题。立足不同的角色，答案就会不同。所以，要学会多角度、多层次地思考问题，分析问题，生活中更要学会换位思考。通过思考，掌握了同类题型的解题方法、技能，有利于学生提高综合分析能力。

3. 引导学生对错误进行探究

对于练习中出现的错误，要明确是知识障碍、理解错误还是应用不当或是非智力因素造成的，这些错误能否弥补，如何弥补，今后如何杜绝重现，有了这样的思考，可以巩固知识，完善思路，提高逻辑思维能力。

例： 乙基于杀人的意图对他人实施暴力，见被害人流血不止而心生怜悯，将其送到医院，被害人经治疗后仍鉴定为重伤。乙的行为属于（　）。

A. 犯罪预备　B. 犯罪既遂　C. 犯罪未遂　D. 犯罪中止

不少学生选了 B 项或 C 项，说明学生对"犯罪中止"与"犯罪既遂"、"犯罪未遂"的区别理解不透彻。教师适时引导学生区别"犯罪中止"与"犯罪既遂"、"犯罪未遂"并分析其产生错误的原因，加深对知识的理解。

总之，思考型教师普遍相信布卢姆倡导的一个教学准则，即"如果一个学生真正掌握了什么，那么他应该会运用它。"

四、延迟评判——捕捉教学的闪光点

教学活动告一段落时，教师要对教学活动结果作总结，具体做法是：

（一）延迟评判

延迟评判，就是在学生对于教学中产生的问题产生反应后，选择一个恰当的时机对各种结论或认识给予评判，而不是在学生产生反应时给予评判。否则，学生刚刚兴起的思维"热潮"会退减，信息交流的渠道会受阻。延迟评判，可以将学生在教学中产生的学习积极性保持一段时间，避免过早评判产生的负效应。对一些有争议的问题，教师讲明自己的观点后，应允许学生保留自己的看法。

（二）扩展延伸

教学活动告一段落时，教师的工作不仅仅是提供问题的答案，而且再现思维过程，说明理解问题的思路、方法是否正确；注意分析材料的教育意义，培养和提高学生的思想政治道德素质，使学生从中受到教育。将教学中暂时撒开的"次要问题"作为"悬案"提出，由学生课后思考，自由讨论等等。以便于学生从经验中学到一些个人化的实践知识，领悟学习的意义和新的学习方法。这里我们有必要强调卢梭的观点，要重视培养学生获取知识的能力，"问题不在于告诉他一个真理，而在于教他怎样去发现真理"，"我们想取得的不是知识，而是判断能力"。[①]

五、教学后记——体验感悟教学得失

教学后记是课堂教学的延伸，是教学过程的必要环节。它既是一种特殊的备课形式，又是对课堂教学过程的全面思考过程；它不但有利于改进、优化教学工作，提高教学水平，还有利于强化教师的探究教研意识。

高职院校思想政治理论课教学应强调教师的体验感悟，要求在阶段性教学活动结束后，教师能够静心沉思成败和得失，将体验感悟记录在案，作为今后完善教学、改进教学、探索规律的依据，以便于把自己的

---

① ［法］卢梭著：《爱弥儿》，李平沤译，商务印书馆1978年版，第257、280页。

教学水平提高到一个新的境界和高度。为了进行有效的体验感悟，教师可以撰写教学日记来帮助自己进行教学实践思考。当然，写教学日记也有其现实要求：

第一，注重自觉思维。"体验感悟"的本质在于有所发现和创造，而一切真正的发现与创造总是基于对事物的深刻思考和理解。离开了一定的思想指导和深刻的思维，是不可能产生"感悟或体验"的。

第二，注重学习积累。体验感悟来自于学习者知识和技能的长期、大量的积累，如果不进行教育教学理论的学习，不注重知识的积累，整个思想飞跃就失去了基础。

第三，要求思考的及时性。教师在教学过程中的具体感悟，往往很难长久地保持在记忆库中，特别是灵感性的东西往往转眼即逝，因此，课后应该及时做好记录，切不可为了应付检查而自欺欺人。

第四，强调思考的真实性。教学后记贵在求真，无论记载什么内容，必须抓住自己感受、领悟最深的东西。或是成功之处，或是失败之处；或是激情状态下创造思维的灵感火花，或是个性化的内心体验；或是教学中的困惑，或是教学中的疑难等。通过对课堂教学过程的认真思考，就会将真切、丰富的教学体验和冷静的教学理性思考有机地结合起来，从而把探究提高到更高的理性层面上。

第五，注意思考的服务性。做教学日记的目的就是通过对教学过程的全面思考，查找差距，提出改进意见，不断地提高教学效果。因此，无论怎样写，写什么，都应该有利于新一轮的教学过程。因为教学后记既是上一轮教学过程的延续，又是新一轮教学过程的高质量准备。

综上可见，一堂成功的思想政治理论课教学不仅仅指课堂行为，而是包括课前的计划与课后的体验与感悟。因此由教学计划、教学实际、教学体验三部分构成一个连续统一体。在这个统一体中，计划是教学的相对起点：确定目标、设计方案，保证行而有序；阶段性教学是关键：因"势"制宜、引导学生参与体验，延迟评判、捕捉教学的闪光点，保持行而不迷；体验感悟环节是相对终点：体验感悟教学得失，确保行而有得。这就是一个教学周期。在教学实践中，每位教师以全新的理念挑战传统教育，不断对隐含于自己日常专业行为背后的教育信念予以价值澄清和深入追问，不断提升自己的专业发展，在新课程实施中实现教育创新。

第二节　高职院校思想政治理论课反思性教学的评价

教学评价是对教学过程、教学质量或教学效果进行测量、分析和评定的一个过程。它可以是综合性的评价，如评价一个相对完整的教学过程，或全面地进行教学质量的评价，也可以是比较单一的评价，如评价教师的某节课的教学质量，或学生某节课的表现。教学评价具有反馈、评判、促进的功能。教学评价的科学与否，不仅直接影响到教师教的积极性和学生学的主动性，还影响到其他与教学相关的教学活动。因此必须重视反思性教学评价。

一、高职院校思想政治理论课反思性教学评价的基本原则

（一）方向性原则

高职院校思想政治理论课以高职院校思想政治理论课课程标准为依据，以教师教学方式和学生学习方式的变革为重点，致力于教师的专业发展与学生的可持续发展。

（二）发展性原则

反思性教学评价根本目的在于促进师生发展。一方面，它可以通过评价提供的信息，使教师和学生了解教与学存在的优势和问题，促使教师和学生进一步反思成功的经验和失败的教训，促进教学质量的提高。另一方面，它还可以促使教师对照评价标准不断反省教学实践，提升教学实践合理性。高职院校思想政治理论课教学评价的发展性原则是指评

价旨在通过评价环节审视师生在情感、认知、行为习惯、理想和信念等方面的情况，以更好地促进师生这些方面的发展。具体而言就是：促进师生发展是思想政治理论课评价的出发点；促进师生发展是思想政治理论课评价的归宿，教学评价不是目的，只是达到促进师生发展的手段。要贯彻这一原则，就必须做到：第一，教学评价必须以教学目标为指导和标准。因为教学目标是根据社会、国家的需要以及高职生成长的需要与身心发展的规律制定的，是促进学生发展的指导方针，和学生的发展是内在一致的。教学评价如果不以教学目标为指导和标准，则必然有碍师生的发展。第二，教学评价应该从全方位进行。这里的全方位指评价应该在教学的全过程中贯彻，而不能只重教学活动的结束后的终结性评价。事实上，如果没有教学前的评价，教学活动结束后的评价意义就大打折扣；没有教学过程中的评价，我们就不能及时改进教学，失去了尽可能地促进师生发展的机会。第三，教学评价要尊重评价对象。评价的最终目的是为了促进师生的发展，因此必须尊重评价对象，听取评价对象的自我表述，结合评价对象原有的基础、背景，这样才能从发展的角度去评价教学。

（三）多主体性原则

从建构主义理论出发，评价是教师与学生共同合作进行的有意义的建构过程，在建立反思性教学评价标准时，必须考虑教师和学生两个主体的活动，实现教师与教师之间、学生与学生之间、师生之间的评价互动，特别要注意克服教学评价中只见教师不见学生或者只见学生不见教师的偏见，这是反思性教学评价标准与传统教学评价标准的区别所在。

（四）开放性原则

高职院校思想政治课反思性教学评价的主体多元化，既可以是教师本人，也可以是学生、同行、专业研究人员。评价方式多样化，除了通用的考试外，可以实行教师自评，也可以采取学生反馈、同行议课、专业研究人员评课等。开放式的评议，可以促进教师更有效地进行反思，改进教学，提高教学水平。

（五）差异性原则

反思性教学评价应充分关注教师和学生的差异，鼓励教师形成自己独特的教学风格，尊重学生的独特性。唯有如此，师生才有个性，才是教与学的主体，才有主动的教与主动的学，才有积极的生成，才积极的发展。

（六）合理性原则

反思性教学以改进教学为目的，努力追求教学实践合理性。反思性教学评价应遵循合理性原则。首先，应充分考虑到实践合理性是整体的合理性，在评价时要全面考虑反思性教学中教学主体合理性、教学目的合理性和教学工具合理性。其次，教学实践合理性是客观合理性和主观合理性的统一，在建立评价标准时既要考虑量化标准，又要注重质化标准。最后，教学实践合理性含括价值和情感，在评价时，既要注重对教学绩效进行评价，又要对教学的伦理道德层面进行评价。

高职院校思想政治理论课的反思性教学评价，主要围绕以下内容：（1）教师的教法是否符合高职教育目标的要求，是否有助于培养学生实践创新能力；（2）教师的教法是否有助于提高学生德育水平；（3）教师的教法是否有助于教师教学技能、道德水平的提高；（4）学生的学法是否能有效地掌握高职思想政治理论课基本知识，是否掌握运用所学原理对社会经济政治文化现象进行分析，是否有助于学生树立科学的世界观、人生观、价值观。

二、高职院校思想政治理论课反思性教学评价的基本策略

（一）认知与非认知的统一

这一策略是指高职院校思想政治课的教学评价中要评价学生认知发展的情况，也要评价学生非认知方面发展的情况。这主要是由高职院校思想政治课特殊的教学目标所决定的。贯彻好这一策略的要求是做到评价标准全面、评价方法特殊，评价结果和过程并重。

（二）科学方法和人文方法的统一

这一原则指在高职院校思想政治课教学评价中，既要运用科学的、定量的方法进行客观的评价，也要运用人文的、定性的方法进行评价，将二者结合起来使用，发挥各自的优势，克服各自的不足。传统的常规教学评价标准以定量的科学评价为主。而高职院校思想政治课的教学评价涉及人的非认知领域，涉及人的情感、品格、价值观等无法量化的方面。因此反思性教学要求评价时，适当引入人文的、定性的评价方法，这样既可避免一味运用定量方法所产生的诸如忽视人的内心体验等副作用，又可体现尊重学生、发挥学生在评价中的主体作用的发展性原则。贯彻这一原则要做到：第一，评价的彻底性。具体而言就是定量评价不能只停留在分数和数据的获得上，还必须对其进行分析、处理，作出价值判断，反馈于教和学上；对定性评价的展开要持之以恒，不能时断时续，因为定性评价的资料只能来自于长期的积累。第二，评价方法选择的切合性和创造性。切合性是指评价方法的选择要根据实际情况，视评价领域而定，不能选择不恰当的、无效的方法；创造性就是指要根据实际情况的需要不断创造新的评价方法。第三是评价的互补性。指定性评价与定量评价要结合使用，发挥二者的互补作用，使教学评价更加有效、可靠。

（三）外显行为与内隐反思的统一

反思性教学评价标准的建立，要考虑到师生外显行为与内隐反思的统一。也就是说，反思性教学评价标准不仅应反映师生教学的外显行为，如教学中教师引导学生思考：是怎样想的；为什么这样想；为什么会有这样的现象；为什么作出这样的选择……教师的这种外显行为，在深层次上还有内隐反思的成分。当然，在评价中，还必须借助教育叙事研究，让教师通过讲故事的方式让评价者在理解教师的外显行为的同时理解其深层思想。

（四）"学会教学"与"学会学习"的统一

"学会教学"与"学会学习"是反思性教学的两大目标。反思性教学不仅像常规教学一样发展学生，而且全面发展教师：当教师全面反思自己的教学行为时，他会从教学主体、教学目的和教学工具等方面，从教学前、教学中、教学后等环节获得体验，使自己成熟起来。因此，反思性教学是要求学生"学会学习"与要求教师"学会教学"统一起来的教学。在通常情况下，"学会教学"与"学会学习"是相辅相成的。教师学会了教学，更有利于学生学会学习；学生学会了学习，反过来又有利于解放教师而让教师有更多的精力和时间学会教学。在评价反思性教学时，要摆正二者的关系，做到"学会教学"与"学会学习"的统一，充分体现反思性教学评价在发展师生中的导向作用。

第三节 高职院校思想政治理论课反思性教学课例

对教学实践的反思，不是为反思而反思。反思教学实践是为了能发现教学问题；发现自己原来往往注意不到或察觉不到的一些问题，并以科学理性的态度和方法对它们进行梳理和描述，使自己更清楚地认识到教学中的优点和不足。反思性教学强调明确问题的性质：是个别问题，还是普遍问题；是感性问题，还是理性问题；是智力问题，还是非智力问题；是个性发展问题，还是学习速度问题……在教学的初期，主要把握个别问题。也就是说，反思性教学要求教师从自己工作中的问题着手，能较快地把感性问题、理性问题理顺，从而推动教学不断深入和提高。

教学课例，也就是课堂教学实录，或课堂教学纪实，它是真实纪录教师课堂教学全过程的一种实用文体，以某一具体的课为研究对象，重在对课本身的改进、优化和提高，具有真实性、典型性、叙事性、时代性等特点。其主要目的：回答"做什么"（教学目标和教学设计），"怎么做"（教学策略）。它"以问题为中心"展开研究，但主要涉及本课

（特定学科/年级/教材版本）各类教学问题的解决。其核心内容是：围绕问题解决，实施"教学设计——教学实录——教学反思"，其中，"教学设计"是解决问题的教学预期，"教学实录"是解决问题的教学生成，"教学反思"描述"教学预期"的实现程度，与"教学生成"的矛盾，存在的问题及解决的方法。教学课例是教师研究课堂、改进教学、促进专业发展的最佳载体之一。

教学课例研究的真谛是通过对课堂教学实际问题的解决和循环实践的研究，看其是否实现了教师自身教学能力的提升与具体行动方法的改进，从而引导教师学会质疑隐藏于教学习惯和教学经验背后的行为差距，明晰发展方向。它通过不断跟进教学行为，在一个问题解决的同时又促进其背后更多问题的展开。教师通过一个个教学课例研究的长期积累，不断提高自己面对课堂教学实际问题的反思能力和决策能力，增长根植于实践经验的专业知识，最终实现教学课例研究问题的解决和教师教学行为的转变。

下面，以《毛泽东思想和中国特色社会主义理论体系概论》中的"科学发展观"一课为例，撰写反思性教学课例研究。

"科学发展观"反思性教学课例

【教学设计】

一、背景介绍

1. 指导思想

《中共中央宣传部、教育部关于进一步加强和改进高等学校思想政治理论课的意见》（教社政〔2005〕5号）倡导"教学方式和方法要努力贴近学生实际，符合教育教学规律和学生学习特点，提倡启发式、参与式、研究式教学。要研究分析社会热点。要多用通俗易懂的语言、生动鲜活的事例、新颖活泼的形式，活跃教学气氛，启发学生思考，增强教学效果。""坚持理论联系实际，贴近实际、贴近生活、贴近学生；坚持开拓创新，不断改进教育教学的内容、形式和方法。""要精心设计和组织教学活动，认真探索专题讲授、案例教学等多种教学方法。"案例教学是新型的教学方法之一，注重学生的参与，是新课程改革的一个亮点。本堂课关注师生互动、生生互动这一人力资源的开发，通过案例教学引导学生参与，使学生具备开放的心灵、创新的意识、探究的品质及面向社会可持续发展的能力。

2. 教材内容的地位及作用

《科学发展观》这一节是《毛泽东思想和中国特色社会主义理论体系概论》第一章的重点内容，是马克思主义中国化最新理论成果的陈述和概括，对于我国经济发展具有重要的指导作用。

二、学法分析

对于现代的高职生来说，本节课的教学内容浅显易懂。按照学生的年龄特征和心理特征，他们希望教师能营造一个开放的空间，让他们自由地选择自己想学习的内容，甚至走出课堂，在做中学。

本堂课的教学方式：1. 采取案例教学的形式；2. 利用计算机和互联网的相关资源，建立起科学发展观与学生生活世界间的联系，达成共识，从而达到最佳学习效果。

本堂课的学习方式：1. 以学生为本，引导学生在案例中主动发现问题，自主地、协作性地去解决问题，然后触类旁通地运用到现实中去解决实际问题，培养学生自主探究的精神，形成学生自主学习、合作学习、研究性学习和探索性学习的开放型的学习氛围；2. 引导学生主动参与案例的分析、讨论，学会合作解决问题，促使其身心的和谐发展；3. 掌握科学发展观的内容，树立生态文明观念，理解违背科学发展观的危害性。4. 结合学生所学专业，探讨科学发展观在本专业中的贯彻落实。

三、教学目标

认知目标：通过案例教学、情境教学，使学生了解科学发展观的形成、发展的背景、过程，把握科学发展观的科学内涵和基本要求。

情感目标：使学生牢固树立科学发展观和生态文明观，做科学发展观的实践者。

能力目标：通过教学，培养学生运用科学发展观解决实际问题的能力。

四、教学重点、难点

教学重点：科学发展观的科学内涵与基本要求

教学难点：如何理解科学发展观是同马克思列宁主义、毛泽东思想、邓小平理论和"三个代表"重要思想既一脉相承又与时俱进的科学理论。

五、授课时间

2008 年 3 月 5 日第 3—4 节

六、教学设计思路

以新课程改革理念为指导，开展案例教学、情境教学。通过设计创设情境、互动导入、案例分析、探究新知、建构体系、升华感悟和课堂练习、提升思维等环节，实现教学目标，培养学生的探究品质和创新意识。

【教学实录】

一、创设情境，互动导入

（视频：百年发展片段）

［创设情境导入，与情境直观对话，可以激发学生的兴趣，引燃思维的临界点，成为师生互动、学生与学生互动的热身操。］

师：面对经济发展所带来的环境危机，我国是否要继续发展？

生1：当然要发展了！不发展就会落后，落后必然被挨打！

生2：在当今经济全球化时代，落后必将被淘汰！

生3：不发展有可能意味着灭亡！

师：我国该怎样处理经济发展、社会进步与环境保护的关系？如何进一步良性循环发展呢？作为当代的大学生，你认为应该如何促进人的全面进步与发展？这就需要我们贯彻和落实科学发展观。什么是科学发展观？如何贯彻和落实呢？下面请同学们来观看视频案例——发展新局，并思考以下六个问题：

（幻灯片）

思考问题：

1. 我们党为什么要提出科学发展观？

2. 科学发展观提出和发展的进程是怎样的？

3. 科学发展观的主要内容是什么？

4. 生活中，大学生如何贯彻和落实科学发展观？你怎样实现生态文明？

5. 科学发展观具有怎样的指导意义？

6. 结合所学专业，探讨如何落实科学发展观？

二、案例分析，探究新知

（思想政治理论课最忌独白式讲授。概论的原理相对比较系统，术语的表达较为晦涩。如果教师一味地灌输，将使学生的兴趣减退，不利于学生体验生活世界。因此，教师要为学生创设一个"开放、自由、民主、互动、和谐"的学习氛围，在共鸣中激发热情，感受思想政治理论课的魅力，提高教学实效。）

1. 科学发展观的形成

（1）背景

（幻灯片）展示图片。〔引导学生将视频内容与图片内容相结合，分析问题1，培养学生的综合分析能力。〕

（2）形成与发展

学生根据所观看的视频回答问题2。〔问题明确，便于学生的理解归纳，培养学生的归纳能力。〕

2. 科学发展观的主要内容

学生根据所观看的视频回答问题3。〔问题明确，便于学生的理解归纳，培养学生的归纳能力。〕

（幻灯片）

科学发展观，第一要义是发展，核心是以人为本，基本要求是全面协调可持续，根本方法是统筹兼顾，即坚持以人为本、全面协调可持续的发展。

（1）科学发展观的第一要义是发展

讨论：结合"百年发展"视频，说一说为什么科学发展观的第一要义是发展？

学生根据所观看的视频回答此问题。〔问题简单明确，便于学生分析综合，培养学生的分析综合能力。〕

（2）科学发展观的核心是以人为本（为谁发展）

1）以人为本的科学内涵

师：科学发展观强调以人为本，这个"人"是人民群众，这个"本"，是根本，即人民群众的根本利益。以人为本，表明了为谁发展，就是一切从人民群众的根本利益出发，促进人的全面发展，实现人民群众的根本利益。以人为本是科学发展观的本质和核心，是我们一切工作的出发点和归宿点。如何坚持以人为本呢？

2）坚持以人为本的基本要求

（幻灯片）图片：2008年百姓生活将有十二大新变化——新华社发

2008年
百姓生活将有
十二大新变化

- 农民工可买春运往返火车票
- 个税起征点上调400元
- 清明、端午、中秋各放假1天
- 部分省份农民买家电将获财政补贴
- 职工连续工作1年以上可享受带薪年休假
- 用劳动合同保障自己的合法权益
- 医疗保障进一步覆盖城乡居民
- 城乡免费义务教育全面实施
- 为城市低收入家庭圆个"安居梦"
- 继续上调企业退休人员基本养老金标准
- 法律保障公平就业、严禁就业歧视
- 购房者还贷成本将有一定程度上升

周庆典 勾申 新华社发

提问：你对哪一个变化最感兴趣？为什么？［引导学生讨论，教师适时点拨，培养学生的分析综合能力、创新意识、辩证思维能力。］

生1：对清明、端午、中秋各放假一天最感兴趣。因为我喜欢放假。

师：大家都喜欢放假。为什么国家要在清明、端午、中秋这三个日子放假呢？把这三天规定为法定的假期，说明了什么？

生2：因为这三天是我国的传统节日，老百姓过传统节日是民间的风俗习惯。

生3：说明中国人对传统节日的重视。

师：同学们分析的很到位。这也说明国家对我国风俗习惯的尊重，也是对传统文化节日的继承和发扬。这就告诉我们，坚持以人为本，就要重视民情，突出人性。

生4：我对用劳动合同保障自己的合法权益感兴趣，因为，我们三年后都要走出校门，走上社会，成为一名劳动者。

师：对，要学会用法律的武器来维护自身的合法权益，所以，国家要制定和完善我的法律法规，依法保护公民的各种权利。

生5：我对农民工可买春运往返火车票感兴趣，因为农民工是我国的弱势群体。

生6：没准哪一天我们也会成为农民工。

师：农民工为城市的建设添砖加瓦，如何维护他们的利益？请看视频短片——农民工当上人大代表，关注农民工福利等问题，并思考：如何维护农民工的利益？

生7：通过观看视频，我知道了我国三个农民工成为人大代表，通过代表的提案和权利等来维护农民工的合法权益。

师：这说明，坚持以人为本，政治上要确立人民群众的主体地位、主人地位。

师：个税起征点上调400元，部分省份农民买家电将获财政补贴等变化说明了什么？

生8：国家关注低收入群体，为了缩小贫富差距。

（归纳总结——幻灯片）

坚持以人为本，政治上要确立人民群众的主体地位、主人地位。

坚持以人为本，在经济上要不断满足人民群众日益增长的物质文化生活的需要，在普遍提高生活水平的同时，要特别关注城乡低收入人群和贫困人口，努力缩小贫富差距，最终实现共同富裕。

坚持以人为本，在法律上要保障公民的各种权利。

坚持以人为本，在社会生活中要保障人生、突出人性、尊重人格、重视人情、开发人力。

（3）科学发展观的基本要求是全面协调可持续发展（发展什么、怎样发展）

观看视频案例：奥运节约

（幻灯片）

讨论1：什么是全面发展、协调发展、可持续发展？如何做到全面发展、协调发展、可持续发展？

讨论2：生活中，大学生如何贯彻和落实科学发展观？你怎样实现生态文明？

开展小组讨论

以学生的成绩水平、工作态度、能力状态、性格、性别等信息为依据，进行异质分组，每组6人，开展小组讨论。［此种分组方法，有利于学生优势互补］

1）组员公推小组长。［体现公平与民主。］

2）小组长充当主持人，分配小组角色任务（设定主持人、计时员、记录员、报告员、材料管理员、噪音控制员各1人）。［利于学生发挥比较优势。］

3）可以利用互联网获取相关信息。［考查学生收集信息的能力。］

4）学习步骤（成员独立学习——资源分享——达成共识，疑问提请班级讨论）。［培养学生团队协作意识和问题意识。］

（教师经过参与和深入学习小组活动指导后，选择典型的小组进行成果交流。对疑异问题的解答，遵循"先小组，再老师"原则。）

讨论成果展示

组1：全面发展

科学内涵

全面发展，是指各个方面都发展，就是要以经济建设为中心，全面推进经济、政治、文化和生态建设，实现经济发展和社会全面进步。

全面发展的要求

A. 以经济建设为中心，促进经济、政治、文化、生态的全面发展；

B. 以社会全面进步为重要内容，促进各项社会事业的发展；

C. 以人的全面发展为根本目标，促进全体人民在德智体美等方面的全面发展。

组2：协调发展

科学内涵

协调发展，是指发展的各个方面相互补充、相互促进、共同和谐发展。

协调发展的要求

A. 统筹经济社会协调发展；

B. 统筹城乡协调发展；

C. 统筹地区协调发展；

D. 统筹国内发展与对外开放；

E. 统筹人口与自然的协调发展。

组3：可持续发展

科学内涵

可持续发展，是指发展进程要有持久性、连续性，就是要在发展经济的同时，充分考虑环境、资源和生态的承受能力，保持人与自然的和谐发展，实现自然资源的永续发展。

可持续发展的基本要求；

A、保持适当的发展速度；

B、避免发展的周期性；

C、处理好现代人与后代人发展的关系；

D、正确对待眼前利益与长远利益的关系。

组6：生态文明

组员分析：要实现生态文明，需要国家、集体、个人统一协调行动。当然，这也离不开国家政策的引导。

教师：同学们归纳得很到位。但是，要实现生态文明，首先要有生态文明的观念，用正确的观念指导行动。所以，学习这一课，希望大家不仅要树立生态文明的观念，还要在生活中践行生态文明观，更要践行科学发展观。

（4）科学发展观的根本方法是统筹兼顾

案例：新起点——区域经济腾飞

（幻灯片）

讨论1：为什么要统筹兼顾？

讨论2：为什么说科学发展观的根本方法是统筹兼顾？

学生结合案例回答此问题。[问题简单明确，便于学生分析综合，培养学生的分析综合能力。]

3. 科学发展观的指导意义

学生根据所观看的"发展新局"视频回答此问题（即问题5）。[问题简单明确，便于学生概括，培养学生的归纳能力。]

讨论：如何理解科学发展观是同马克思列宁主义、毛泽东思想、邓小平理论和"三个代表"重要思想既一脉相承又与时俱进的科学理论？

学生根据前几节课学过的知识回答。[联系已知，建立知识之间的内在联系。]

毛泽东的发展观：以"强国"为目标的发展观；

邓小平的发展观：发展才是硬道理；

江泽民对科学发展观的贡献：发展是党执政兴国的第一要务。

4. 结合本专业，分组讨论，在本专业学习和工作中，如何落实科学发展观（即问题6）。[高职思想政治理论课教学，要与高职院校的培养目标相结合，突出职业性；与高职学生的现实需求相结合，突出实践性；与时代发展的社会实际相结合，突出开放性。分组讨论中以职业活动为导向，以能力培养为本位，以学生"学会学习"为目的，寻求学习的最佳效果。]

三、建构体系，升华感悟

（案例教学的实质就是开放性、参与性和师生的高度互动性，在教学中强调的是教学过程中的多边互动。教师要整体把握，选择适当的案例，控制教学过程，对学生进行启发、引导、点拨，给学生充分展示、领会新知产生缘由的平台。同时还要充分发挥"导"的作用，梳理、构筑知识体系，提升分析、解决问题的能力。）

（归纳总结——幻灯片）

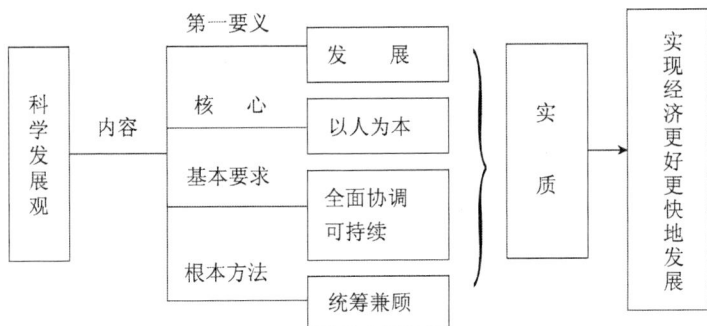

四、课堂练习，提升思维

辨析：坚持以人为本，就是要维护每一个人的利益。［训练学生的辩证思维能力。］

【教学反思】

1. 从课堂效果看，此节课的教学目标基本达到。

案例教学是增强教学生命力的理想的教法。案例教学淡化了教师的权威，使教师成为"平等中的首席"，既是学习的促进者，又是学习的合作者。教师不再单纯地把知识简单地复制和传输给学生，或"独白"式地自导自演，而是以营造民主、平等和尊重的学习氛围，激发自主学习的意愿为前提，以提出、生成自主学习任务为载体，帮助与教会学生学习的技巧，学生通过对案例分析、推导，不仅能够深化理解教学内容，而且有效地提高了学生运用所学理论和知识分析、解决实际问题的能力，从而提高学习成效。

2. 从教学生成看，案例教学具有动态性，需要教师结合不同班级学生的特点灵活地现场调整教学。

3. 构建结构合理的合作小组是顺利完成学习任务的必要条件。

小组合作是一个互教互学、互爱互助、情感交流、心理沟通的过程，使学生人际交流时空更广阔，更具多维性和交互性。学习任务的分担与成果的共享，相互交流与相互评价，使学生能体验到一种被他人接受和信任的情感，为学生社会化程度的提高、交际能力的培养、自我意识的发展提供了充分的条件。而学生通过合作认识了自己的同伴，把同伴当作资源，当作共同分享的朋友，当作在求知路上共同探险的伙伴。在学习过程中也减轻了压力，增强了自信心，增加了动手实践的机会，促进了个性发展，课堂也由此充满了活力。

结构合理的小组应该是：（1）小组人数要合理，一般以 4～6 人为宜。（2）分组应遵循"组间同质，组内异质，优势互补"的原则。（3）小组成员是流动的。

从本节课看，受班级人数多的影响，虽然小组人数和分组原则合理，但课堂活动时只选择了四个典型组，打击了其他小组成员参与与探究的积极性。

4. 案例教学中要处理好如下关系：（1）讨论主题与合作时间的关系。如第六小组的讨论主题是：作为大学生，在校园内，你怎样实现生态文明？学生准备得很充分，大多数学生也感兴趣，但时间稍长（20分钟），可考虑利用班会组织学生深入探讨。（2）小组合作与独立思考的关系。有的学生爱当"独行侠"，既不主动参与合作，也不爱发言，表达自己的看法。如何调动这些学生的主动性，这是今后研究的课题。

5. 分组讨论中，教师要了解学生所学专业，在学生提出本组观点后，教师要适时点评，鼓励学生表达其多元化观点，赏识其个性发展，及时强化学生的专业意识和职业态度。

（高职院校思想政治理论课反思性教学的各个环节之间具有内在的连贯性，后一环节总是在前一环节思辨的基础上进行的。当反思教学课例时，发现新的问题，则进入新一轮的反思性教学。在高职院校思想政治理论课反思性教学这样不断螺旋式上升的过程中，思想政治理论课教师优化教学行为，提高教学水平，为将来的教学提供更抽象的理性的教学策略。）

第六章　回味：高职院校思想政治理论课反思性教学的实践意义

第一节　高职院校思想政治理论课反思性教学在应用中需要注意的问题

反思性教学与常规教学相比具有许多优势和特色，然而，反思性教学在高职院校思想政治理论课中的应用还属于"新生事物"，在应用中还要遇到这样和那样的问题和挑战。

一、加强信息收集处理的指导

思想政治理论课是人文学科，具有综合性、多样性的特点。就教学内容而言，与社会生活息息相关。每一个置身于社会生活之中的人，都会对各种社会现象形成自发的、朴素的认识。当前，世界经济全球化和政治格局多元化，国内多种经济成分和多种分配方式并存，伴随而来的是社会分化为多种利益群体和不同阶层，社会组织形式多样化，生活方式多样化，就业岗位和就业方式多样化。这些社会存在反映到社会意识中，就表现为价值取向的多元化。来自于社会现象的各种信息以及教学主体的价值观念多元化，都是丰富的教学资源。教师要加强信息收集处理的指导，提高学生的思考、诘问、评判、创新知识的能力，提升学生智慧和张扬学生的个性,以实现教学实践的合理性。信息的途径是多元化的,既包括物力的,如教科书、博物馆、遗址、纪念馆、文化馆、自然和人文景观等,也包括人力的,如教师、学生、家长等;既包括校内的,如图书馆、教室、实验室等,也包括校外的,如展览馆、博物馆、历史遗迹、现代化新农村等;既包括显性的,如教科书、文献、网络、图片、录像、影视作品等,也包括隐性的,如爱国精神、献身精神、奉献精神、教师的反馈、学生的反馈等。教师引导学生走出教科书,走出课堂和学校,开阔学生视野,吸收大量丰富的信息,可以有效地克服以往思想政治理论课课堂信息狭隘的局限性,提高教学效率。同时,教师如果能指导学生将这些信息资源去粗取精,去伪存真,由表及里,由此及彼,收集,筛选,比较,确定,很好地加以利用与开发,对高职院校思想政治理论课反思性教学是大有裨益的。

二、把教师主导作用和学生主体地位有机地统一

反思性教学以"学会教学"和"学会学习"为目的,要充分发挥教师的主导作用和学生的主体地位,实现教与学的统一。反思性教学过程不仅仅是知识的传递过程,还是知识的生成、创新的过程。教师和学生在知识的生成过程中都是平等的主体,教师的职能由教转为导,教师不再是单纯的知识传递者而是学生学习的组织者、促进者、辅导者,师生应形成一个"学习共同体"。教师不仅要指导学生学会通过各种渠道占有知识,储存知识,而且更要引导学生学会选择、判断、运用、创造知识,保证学生的学习朝着正确的方向前进。将学生置于课堂的中心位置,教师要走下讲台,深入到学生中间,创设师生之间、学生与学生之间平等、和谐的民主学习氛围,建立起民主平等、相互信赖的关系,以平等的身份参与教学,发挥学生的学习积极性。在教学过程中要面向全体学生,平等地关注和尊重每一个学生,给他们以主动参与教学活动及表现、发展能力的机会,在与学生们、老师之间的观点和思想的交流中促使学生反省、反思,教师只是给予学生系统的学法指导,调动学生的

情感、兴趣、意志等非智力因素，让学生在问题的情境中发现问题，提出问题，解决问题。

三、注重多项交流

反思尽管表面上是一种个体的活动，但它不仅要求师生自己有一个主动、负责、全心全意的心态，同时也需要群体的支持，离不开教师之间、师生之间、学生与学生之间的合作学习与同伴互助。"三人行，必有我师。"单纯的内省反思活动，通常比较模糊，难以深入，而在进行对话时，可以使人的思维清晰，来自交互对象的反馈又会激起深入的思考。教学中的反思过程其实就是师生交往、积极互动、共同发展的过程。教学中要注重多项交流：一要开展同伴交流，实现自我超越。如同一教研组教师在知识结构、智能水平、思维方式、认知风格等方面存在着相当大的差异，在教学内容处理、教学方法选择、教学整体设计等方面的差异也是明显的，同一教研组教师之间的交流，可以相互启发，相互补充，是一个在思维、科研智能上的碰撞，从而产生新的思想。"他山之石，可以攻玉"，不同学科教师之间的交流以及与其他学校教师的交流，能起到开阔眼界、启发灵感、提供借鉴的重要作用。二要开展师生之间的交流。教学，不仅仅是一种告诉，更重要的是引导学生在情境中去经历，去体验，去感悟，去创造。教学过程中，学生常常会不经意间产生出奇思妙想，生发出创新火花，教师不仅应在课堂上及时将这些细微之处流露出来的信息捕捉，加以重组整合，并借机引发学生开展讨论，给课堂带来一分精彩，给学生带来几分自信。还更应利用课后反思去捕捉，提炼，既为教研积累第一手素材，又可拓宽教师的教学思路，提高教学水平。将其记录下来，可以作为教学的宝贵资料，以资研和共享。三要注重教师与专家之间的交流。相对于一线的教师而言，专家的长处在于系统的教育理论素养。反思性教学是一种理论指导下的实践性研究，理论指导是反思性教学得以深化发展的重要支撑。通过学术专题报告、理论学习辅导讲座、教学现场指导、教学专业咨询（如座谈）

等，教师增强教学科研能力，实现理论与实践之间的对话，从教书匠成为教育家。四要注重自己与自己的交流。反思的本质是一种理解与实践之间的对话，是这二者之间的相互沟通的桥梁，又是理想自我与现实自我的心灵上的沟通。教师通过撰写反思日记、教育案例、教育叙事、教学后记、网络教研、课例研究等，以自己的教学及职业活动为思考对象，对自己在教学及职业活动中所做出的行为以及由此而产生的结果进行审视和分析，提升教育智慧，促进专业发展。

四、保护结论的多样性

反思性教学要求教师要学会促进以学习能力为重心的学生整体个性的和谐而健康的发展。这就要求教师要与学生真诚地沟通，尊重学生的人格，营造民主、平等、开放的氛围，让学生畅所欲言，保护结论的多样性。一是要承认学生的独立思考和探索是有意义的，不要把他们独到的见解和不同的意见看成是"钻牛角尖"。二是学生对教师的观点提出质疑，发表不同的看法时，教师要清醒地意识到这是学生生命自主意识积极活动的表现，是难得的求知求真科学精神的火花闪现，应加以激励和表扬，不要认为是对自己的不尊重而予以严厉批评。三是要解放学生的思想，给学生提供积极的个性化思考和自主探索的时间和空间，不要借口教学内容多，时间紧而压缩其思考的时空。四是要使学生的个性化思考有心理安全感，让他们在课堂上焕发出生命的活力，并且恰当调控，适时点拨，把其思考引向更高、更深的层次，使其更具思维及社会文化和精神理念的价值，不要在浅层次与低水平的问题上浪费智慧和精力。[①]

五、提高教师自身素质

课堂教学是一门遗憾的艺术。一堂课很难做到十全十美，即使课前

---

① 田应海：《让学生生命得到发展的教学艺术》，《人民教育》2004 年，第 20 期。

精心准备，深思熟虑，课上运筹帷幄，精彩纷呈，但是课下细细琢磨，
总会有令人感到遗憾、急于弥补的地方。科学、有效的反思可以帮助我
们减少遗憾。反思性教学被认为是教师专业发展和自我成长的重要途
径。在教学中，教师不断反思教学的观念。我为什么要反思？我什么时
候反思？我反思什么？我怎样做就算是反思了？通过对这一问题链的回
答，反思性教学的观念就自然在教师的思维中扎根，从而不再仅仅是一
种知识。接着，追问我做了什么？我所做的有效吗？我所做的自身合理
吗？我还能怎样做？从对教学事件的阐述，到教学目标的达成度，再到
教学手段合理性的探讨，最后对未来的思考，一个教师对自己的教学实
践在回顾过去中面向未来。反思性教学的本质是一个提出问题——探讨
研究——解决问题的过程。教师以问题为情境，自觉地把自己的课堂教
学实践作为认识对象，进行全面、深入、冷静的思考，再以体会、感
想、启示等形式进行总结，经常反思，多思则活，思活则深，思深则
透，思透则新，思新则进，不断形成自我反思的意识和自我监控的能
力，不断丰富自我素养，提升自我发展能力，由教书匠发展为教育家、
研究者，逐步完善教学艺术。

第二节　高职院校思想政治理论课
反思性教学的实践意义

高职院校思想政治理论课反思性教学强调立足教学实际，创造性
解决问题，将"学会教学"与"学会学习"统一起来，加速师生共同发
展，最终在共同探索中提升教学实践合理性。作为一种教学理念，反思
性教学有助于转变教师的教学方式，提高教学质量；作为一种教学方
法，反思性教学对教师和学生的毕生发展有重要意义。

一、推进新课程改革

思想政治理论课新课程体系改革的要求是："帮助学生掌握中国特色社会主义理论的科学体系和基本观点，指导学生运用马克思主义世界观和方法论去认识和分析问题。""开展马克思主义人生观、价值观、道德观和法制观的教育，引导学生树立高尚的理想情操和养成良好的道德品质，树立体现中华民族优秀传统和时代精神的价值标准和行为规范。"可见，思想政治理论新课程是通过引导大学生深入了解与自己息息相关的社会政治、经济、文化生活的实际的过程，切实提高大学生认识、参与现代社会生活，提高社会适应能力，以促进大学生知识、能力、态度、情感及价值观和谐发展。它注重培养大学生自主获取新知识和应用所学理论知识解决实际问题的能力。在当前教育教学改革的大环境下开展反思性教学，有助于超越传统教学的弊端，客观上要求教师以高度的社会责任感和事业心，遵照新课程的课程观、教学观、学生观和教学评价要求，努力思考自身在教学实践中的教学问题，不断学习新的教育教学理论与现代化教学技术手段，实施反思性教学，使新课程理念真正在实践中得以实施与推进。

二、改进教与学现状

传统的高职院校思想政治理论课教学以讲解——授受式为主，教师侧重将知识讲深讲透，轻视对方法分析和运用的引导；学生偏重对知识的记忆，轻视对知识的理解应用。这样的教学不仅损害了思想政治理论课的形象，而且扼杀了教师和学生的创造力。高职院校思想政治理论课反思性教学则批判那种盲目地要求学生死记硬背和机械练习的做法，要求教师根据具体教学情境创造性地运用教学方法，改进自己的教学，这才能从根本上保证学生真正成为学习的主人，变被动学为主动学，变消极学为积极学，才能保证教师教学的科学性和合理性，创造性地解决问题。

三、促进学生的成长发展

传统的思想政治理论课体现的是"权威—依存"型的教学关系，教师的权威至高无上，教师的旨意不容改变，而学生则完全处于被动服从的地位。学生的独立品格丧失，求异思维得不到发展，探究精神得不到培养，一些创造性的灵感和思想火花也会因与教师的教学内容不符合而受到压抑和否定。久而久之，学生自动地把思想的权力交给了教师，教师代替学生思想，学生能做的就是对概念、原理、规范的记忆、背诵和顺从。在这种教学模式中，教最终成为遏制学的力量，教师教得越多，学生学得越多，独立见解、批判意识、创新精神就越少。所以，教师应该反思自己的教学实践，真正以一切为了学生，为了学生的一切，为了一切学生为价值核心，实施反思性教学。在思想政治理论课反思性教学的实践中，学生与学生间、师生间、教师团体间通过对教学问题的反思、探索、解决，不断提高师生的协作意识、批判创新意识，使学生在不断地反思中摸索学习的经验和教训，改进自己的学习方法和学习手段，提高学习效率；使学生在深入的思考中提高洞察力、判断力、认识问题、分析问题和解决问题的能力，有助于增强学生思维的灵活性、批判性、广阔性、深刻性和创造性，更好地从事后续的学习；鼓励学生以审视的态度看待自己的学习，具有怀疑精神，能大胆发表自己的见解，敢于创新。

四、促进教师的自我提升

反思性教学实践是影响和制约"教师专业发展和自我成长的核心因素"。反思性教学理论认为教师既是教学实践者，又是自身教学行动的研究者，所以教师应具备的不仅仅是课堂教学能力，还应具备对自己的教学方法、内容等进行思考、质疑、评价的能力，及运用反思的结果改进自己的教学实践能力。因而在思想政治理论课反思性教学中，教师积极对教学行为进行批判、反思和探究，将教与学看作是一个不确定的历程，并根据具体情景创造性地运用教学方法，创造性地解决问题，在解决问题的过程中挖掘或梳理出经验中所蕴含的原理，使原有经验升华为理论，从而构建起属于教师自己的理论体系，促进教师专业的提升和自我发展。因此，在高职院校思想政治课中实施反思性教学可以进一步发展教师的专业自信心和专业能力，提高教师的专业水平，使教师真正成为善于思考的、睿智的专业人员。

综上所述，高职院校思想政治理论课反思性教学体现了现代教育要求关注学生发展和教师发展的理念，符合了高职教育培养学生创新能力和职业素质的要求，适应了新课程改革要求更好地实现教学目标、提高教学效果的目的。

第三节　对高职院校思想政治理论课
反思性教学的反思

反思性教学是当今教育研究的重要主题，也是世界范围内极力倡导的一种教育理念。与许多教育主题的研究一样，反思性教学的研究这个课题时间并不长，只有一个短暂的历史。在国外，对反思性教学的系统研究不超过 100 年，在国内，对反思性教学的系统探讨不超过 20 年，高职院校思想政治理论课反思性教学的探讨也不过几年。从科学系统地研究的角度看，这项研究，还没有真正地开始，从理论到教学实践应处于探索时期。尽管这一科学研究的道路充满荆棘，但它已显现出勃勃生机，预示着辉煌的前景，必将不断发展壮大。面对时代发展的迫切需求，每一位思想政治理论课教师都应义不容辞地担负起这一历史重任。只有真正地转变观念，对自身的教学行为和教学过程进行批判的、有意地分析与再认知，以开放的心态接纳不同的观点，从多个角度积极思考问题、研究教学活动，将学会教学与学会学习结合起来，促使政治教师由经验型向专家型转变，如此，才能教会学生学会学习，才能使学生获得学习能力和可持续发展的能力，才能从根本上提高国民素质，才能凸显思想政治理论课教学的实践性，才能增强德育的实效，更好地发挥思想政治理论课德育主渠道的作用。

学生好问、教师钻研的结果使教学效果明显的提高，这进一步激发了师生的学习研究积极性。高职院校思想政治理论课反思性教学在教学实践中展现独特魅力和风采的同时，也存在一些问题值得我们进一步反思。第一，片面夸大反思性教学的特点和优势，全面否定传统的常规教学的作用。在教学中，我们应看到这两类教学形式相互联系，相互补充，互为统一体。高职院校思想政治理论课反思性教学不是孤立的，不应放在常规教学的对立面，而是建立在常规教学的基础上，把握问题的性质，适时适地地进行反思，以求得问题圆满解决。第二，反思性教学下的教师除了完成常规教学任务外，还要经常撰写反思日记，阅读学生的反思日记，与同行进行讨论交流，学习反思专业理论。这些繁忙的教学行动研究会不会影响教学本身的质量呢？实际上，教师的反思性教学行动研究的目的就是为了解决教学问题，改进教学，这样，既能提高教师批判创新能力，又能潜移默化地影响和培养学生创新意识、批判能力。

在实践中出现的这些问题，表明高职院校思想政治理论课实施反思性教学是必要性的，这需要我们不断增强反思批判能力，提高反思教学效果。作为工作在一线的教师，请谨记："教育是一项事业，事业的意义在于贡献；教育是一门科学，科学的价值在于探索；教育是一种艺术，艺术的生命在于创新。"让我们上下求索，共同推进高职院校思想政治理论课反思性教学的深入实施。张伯苓先生说过这样一句富有哲理的话语：科学永远是不完整的，它每解决一个问题，又会产生十个问题。

主要参考文献

［1］ 熊川武. 反思性教学 ［M］. 上海：华东师范大学出版社，1999.

［2］ 靳玉乐. 反思教学 ［M］. 四川：四川出版集团、四川教育出版社，2006.

［3］ 刘晓华. 反思性教学与教师专业发展的研究 ［M］. 上海：华东师范大学出版社，2005.

［4］ 吕洪波. 教师反思的方法 ［M］. 北京：教育科学出版社，2006.

［5］ 骆郁廷. 高校思想政治理论课程论 ［M］. 湖北：武汉大学出版社，2006.

［6］ 顾海良，佘双好. 高校思想政治理论课程教学改革研究 ［M］. 湖北：武汉大学出版社，2006.

［7］ 辽宁大学马克思主义学院组编. 思想政治理论课教育教学探索与改革 ［M］. 辽宁：辽宁大学出版社，2010.

［8］ 徐斌艳. 教师专业发展的多元途径 ［M］. 上海：上海教育出版社，2008.

［9］ 王策三. 教学论稿 ［M］. 北京：人民教育出版社，1985.

［10］ 钟启泉. 现代课程论 ［M］. 上海：上海教育出版社，1989.

［11］ 李秉德. 现代教学论发展 ［M］. 北京：教育科学出版社，1992.

［12］ 李定仁. 教学思想发展史略 ［M］. 甘肃：甘肃教育出版社，2004.

［13］ 夸美纽斯著，傅任敢译. 大教学论 ［M］. 北京：教育科学出版社，1999.

[14] 郑永廷. 思想政治教育方法论 [M]. 北京：高等教育出版社，1999.

[15] 王继辉. 高职院校"思政课"教学法研究 [M]. 北京：中国文史出版社，2005.

[16] 靳玉乐. 案例教学原理 [M]. 重庆：西南师范大学出版社，2003.

[17] 丁钢. 声音与经验：教育叙事探究 [M]. 北京：教育科学出版社，2008.

[18] 林德全. 教育叙事论纲 [M]. 北京：中国社会科学出版社，2008.

[19] 王德广. 思想与对话——基于 Blog 的教育叙事研究 [M]. 上海：上海文艺出版总社、百家出版社，2007.

[20] 钟乐江，钟发全. 在写自己的故事中成长 [M]. 天津：天津教育出版社，2009.

[21] 陈萍. 教师专业发展之道 [M]. 北京：人民教育出版社，2008.

[22] 王枬. 教师印迹：课堂生活的叙事研究 [M]. 北京：教育科学出版社，2008.

[23] 严中华. 职业教育课程开发与实施 [M]. 北京：清华大学出版社，2009.

[24] 赵志群. 职业教育工学结合一体化课程开发指南 [M]. 北京：清华大学出版社，2009.

[25] 杨小微. 教育研究方法 [M]. 北京：人民教育出版社，2005.

[26] 张大均. 教育心理学 [M]. 北京：人民教育出版社，1999.

[27] 钟启泉，崔允漷，吴刚平. 普通高中新课程方案导读 [M]. 上海：华东师范大学出版社，2003.

[28] 叶澜. 教育概论 [M]. 北京：人民教育出版社，1996.

[29] 朱明光，蓝维. 思想政治学科教育学 [M]. 北京：首都师范大学出版社，2000.

[30] 中共中央国务院关于进一步强和改进大学生思想政治教育的意见//十六大以来重要文献选编（中）[M]. 中央文献出版社，2006.

[31] [美] Scott G. Paris 和 Linda R. Ayres 合著，袁坤译. 培养反思力 [M]. 北京：中国轻工业出版社，2001.

[32] [美] Stephen D. Brookfield 著，张伟译. 批判反思型教师 ABC

[M]. 北京：中国轻工业出版社，2002.

[33] [美] Richard D. Parsons、Kimberlee S. Brown 著，郑丹丹译. 反思型教师与行动研究 [M]. 北京：中国轻工业出版社，2005.

[34] [美] Timothy G. Reagan、Charles W. Case、John W. Brubacher 著，沈文钦译. 成为反思型教师 [M]. 北京：中国轻工业出版社，2005.

[35] [美] 约翰·杜威. 我们怎样思维 [M]. 北京：人民教育出版社，2005.

[36] 陈向阳. 浅谈反思性教学的环节、变量、功能 [J]. 广西师范大学学报，1999 (1).

[37] 常张. 西方反思型教师教育思潮兴起背景综述 [J]. 外国教育研究，2002 (2).

[38] 郭翠菊. 论反思性教学的意蕴 [J]. 青海民族大学学报（教育科学版），2011 (2).

[39] 饶从满，王春光. 反思型教师与教师教育运动初探 [J]. 东北师范大学学报，2000 (5).

[40] 张建伟. 反思——改进教师教学行为的新思路 [J]. 北京师范大学学报（社科版），1997 (4).

[41] 洪明. 反思性教学的内涵和意义探析 [J]. 中国大学教学，2001 (6).

[42] 王晓阳. 教学反思——从经验到智慧 [J]. 中学政治教学参考，2005 (11).

[43] 张恩丰. 在反思中提高 [J]. 中学政治教学参考，2005 (7～8).

[44] 许勇. 注重教学反思，加速自身成长 [J]. 中小学教师培训，2000 (7).

[45] 张立昌. 自我实践反思是教师成长的重要途径 [J]. 教育实践与研究，2001 (7).

[46] 王丽春. 试析教师的成长与反思 [J]. 赣南师范学院学报，2002 (4).

[47] 吴卫东，骆伯巍. 教师的反思能力结构及其培养研究 [J]. 教育评

论，2001 (1).
[48] 熊川武. 简论反思性教学的基本特征 [J]. 中学教育，2001 (10).
[49] 郑菊萍. 反思性学习简论 [J]. 上海教育研究，2002 (8).
[50] 王琛译. 怎样成为优秀教师 [J]. 外语教育动态，1983 (1).
[51] 张秀红. 思想政治理论课教师主导作用刍议 [J]. 新疆师范大学学报(哲学社会科学版)，2009 (4).
[52] 侯利平. 论高校思想政治理论课教师的三种角色 [J]. 陕西教育，2009 (3).
[53] 李风华. 反思性教学及其分类 [J]. 职大学报，2009 (2).
[54] 邓芳娇. 从反思性教学看反思性学习 [J]. 柳州师专学报，2003 (1).
[55] 申丽娟. 大学英语反思性教学中的教师必备素质 [J]. 云梦学刊，2008 (1).
[56] 刘燕. 对反思性教学概念框架的探讨 [J]. 教育理论探讨，2005 (9).
[57] 董裕华. 对教学反思的再认识 [J]. 天津师范大学学报，2011 (1).
[58] 洪明. 反思实践取向的教学理念 [J]. 外国教育研究，2003 (8).
[59] 林碧英. 反思型教师和反思性教学 [J]. 江西科技师范学院学报，2004 (5).
[60] 王蕾. 反思性教学：教师发展观的整合与反思的特殊性 [J]. 教育探索，2009 (5).
[61] 陈伟伟. 反思性教学：教师继续教育的新途径 [J]. 继续教育研究，2005 (3).
[62] 李风华. 反思性教学的历史发展及我国研究现状 [J]. 职大学报，2009 (1).
[63] 汤文华. 反思性教学的实施及其策略研究 [J]. 教育与职业，2009 (32).
[64] 刘庆昌. 反思性教学的两个问题链（上）[J]. 教育情报参考，2006 (11).
[65] 刘庆昌. 反思性教学的两个问题链（上）[J]. 教育情报参考，2006 (12).

［66］ 王俊英，张志泉．反思性教学的内涵及实施策略［J］．教学与管理，2010（1）．

［67］ 彭欣．高校思想政治教育方式方法论［J］．高教理论，2008（1）．

［68］ 张瑞娟．反思性教学研究综述［J］．雅安职业技术学院学报，2008（2）．

［69］ 阮平章．试论反思性教学是教师专业发展的重要途径［J］．教育探索，2004（10）．

［70］ 李新慧．反思性教学在高校思想政治理论课中的应用［J］．文教资料，2007（6）．

［71］ 张艳艳，潘昌友．反思性教学在高职思想政治课中的应用［J］．中国科技博览，2010（17）．

［72］ 郑丹丹．反思性教学中几对基本关系的剖析［J］．浙江教育学院学报，2007（3）．

［73］ 陈秀梅．反思性教学中的自我评价［J］．三明学院学报，2006（3）．

［74］ 肖韵，卢波，姜雪莲．关于政治教学反思的综合探讨［J］．文教资料，2011（2）．

［75］ 张洪秀．国内反思性教学研究综述［J］．黑龙江教育学院学报，2008（3）．

［76］ 王亚娟．关于以反思性教学获取实践智慧的思考［J］．教育与职业，2010（18）．

［77］ 商辉，傅华平．教师专业发展的重要途径：反思性教学［J］．教书育人，2006（11）．

［78］ 杨四耕．略论反思性教学评价标准的建立［J］．中国教育学刊，2001（4）．

［79］ 李玲，陈静．论杜威的反思性思维及反思性教学［J］．黑龙江高教研究，2006（12）．

［80］ 徐亮．由内隐理论与反思性教学看当今教师角色的转变［J］．西北医学教育，2005（12）．

［81］ 贲爱玲．在教师教育中应用元认知理论进行反思性教学［J］．南京晓庄学院学报，2004（4）．

［82］彭小础. 反思性教学与常规教学之比较［J］. 钦州师范高等专科学校学报，1999（3）.

［83］蔡长春. 反思性教学与教师内隐理论的外化［J］. 扬州教育学院学报，2004（9）.

［84］季平. 以课例研究为载体促进教师专业成长［J］. 思想政治课教学，2010（6）.

［85］刘群莉. 思想政治教学课中反思性教学方法的运用［J］. 天津市经理学院学报，2008（5）.

［86］李娟. 高校思想政治理论课"05方案"实施的教学现状与对策研究——以重庆市高校为例［D］. 西南大学硕士学位论文，2009.

［87］韩焱. 反思性教学在高中思想政治课教学中的运用［D］. 内蒙古师范大学硕士学位论文，2007.

［88］具英玉. 高中思想政治课反思性教学探究［D］. 辽宁师范大学教育硕士研究生学位论文，2006.

［89］李红玲. 论教学反思［D］. 山西大学硕士学位论文，2007.

［90］王彬. 思想政治课反思性教学的实践研究——基于师生关系的视角［D］. 华东师范大学硕士学位论文，2009.

［91］庞柳春. 高中思想政治课反思性教学探析［D］. 广西师范大学教育硕士生学位论文，2004.

［92］李冰. 高校思想政治理论课的历史沿革［D］. 聊城大学硕士学位论文，2007.

后　记

国际国内形势的发展给高职院校思想政治理论课教学既提供了新的机遇，也带来了新的挑战。对高职院校思想政治理论课反思性教学的理论进行探讨，是思想政治教育教学研究中一个非常重要的问题。高校思想政治理论课"05方案"的实施，给高校思想政治理论课的教育教学提出了许多新任务、新课题，不断提高高等学校思想政治理论课教育教学质量和水平就是其中之一。而高等学校思想政治理论课教育教学质量和水平的提高，关键在教师。因此，教师要不断促进自身的职业技能发展，成长为专家型教师，在教学中实施反思性教学是一种有效的途径和方法。《反思与建构：高职院校思想政治理论课反思性教学的理论与实践》一书对高职院校思想政治理论课反思性教学的缘起、理论基础、内涵、原则、策略、实施等问题进行了分析，力图让思想政治理论课教师掌握反思性教学的方法，从而改进教学方式，提高课堂教学的质量，促进自身专业发展，成长为专家型教师。

本书在编写过程中，借鉴和引用了一些专家、学者和同行的有关研究成果，参阅了大量的古今中外名著和学者的文章，从中吸取了许多有益的学术思想和理论精华，其中部分在参考书中已注明，因篇幅有限，未一一注明，在此致以诚挚的谢意！

由于时间仓促，同时限于我的水平以及对有些问题研究还不够深入，书中定会存在一些不足之处，在此诚恳地希望得到专家、学者和读者的批评指正。

郭 君

2012 年 1 月 12 日